HIPNOSIS EN PACIENTES CRÍTICOS: ANSIEDAD, DEPRESIÓN Y CONDUCTA SUICIDA.

Ps. Gabriel Pérez Almoza

A mi familia, madre, esposa e hijos

Esta página queda en blanco intencionalmente

AGRADECIMIENTOS

A Rafael Segundo Bestard Bizet quien me demostró la sensibilidad humana con la que hay que tratar a nuestros pacientes.

A Luis Enrique Cortés Pérez por adentrarme en el maravilloso mundo de la Hipnosis Terapéutica.

A mi gran amigo, Tutor y maestro Alberto Erconvaldo Cobián Mena quien me demuestra que creer en la Hipnosis es una de las mejores alternativas para el tratamiento de los distintos trastornos mentales.

A Juan Cristóbal Schilling Fuenzalida, por la dedicación y apoyo en la confección de este libro, por abrir las puertas y regalar su confianza.

Esta página queda en blanco intencionalmente

PRÓLOGO

Según la Organización Mundial de la Salud, la depresión es la causa principal de discapacidad en el mundo. La depresión, a pesar de sus múltiples causas, se basa en la desesperanza y la impotencia, dejando a los pacientes con un sentido de impotencia paralizante, y por lo general percibiendo su futuro como oscuro, incierto y angustiante.

En mi trabajo como psicólogo clínico hipnoterapeuta busco en primer lugar escuchar y comprender aquellas problemáticas que le aquejan a nuestros pacientes, la gran mayoría asociadas a emociones de dolor, pena y angustias. A medida que vamos atendiendo personas en nuestras consultas nos enteramos de los más diversos fantasmas internos que habitan dentro de de cada uno de ellas. Traumas infantiles, pérdidas de seres queridos, abusos sexuales, infidelidades, disfunciones sexuales y un sin número de eventos que desencadenan que sus vidas resulten ser una pesadilla.

Cada paciente acude a nuestras sesiones con un propósito general, que por cierto es el mismo de la gran mayoría de las personas; ser felices, tener una una vida tranquila, conseguir una paz interior.

Es así, como cada uno de nosotros como terapeutas, con las herramientas que la universidad nos entrega en su formación, además de otras adquiridas en el tiempo y la experiencia se ponen al servicio del paciente.

En ocasiones, estamos sin darnos cuenta, intentando adivinar las posibles acciones y cambios de nuestros pacientes en caso de hacer tal o cual intervención. De esta forma buscamos leer el futuro de éstos, claramente con los instrumentos que tenemos acceso.

El gran problema se centra, en que muchas ocasiones, nuestro criterio de intervención clínica no siempre es tan preciso ni tan claro, en especial con pacientes con profundas depresiones. Nuestro objetivo será entonces que el paciente pueda lograr un mayor equilibrio emocional y que su vida sea mas llevadera, pero en ningún caso que ésta empeore y que nuestro paciente piense o ejecute una acción de índole suicida.

Libro de Gabriel Pérez nos entrega mayores luces respecto de cómo la hipnosis si puede contribuir en pacientes con depresión, en un texto generoso, aportando información concreta y relevante. El texto está dividido de un modo fácil y claro, favoreciendo una lectura rápida.

Otro aspecto a destacar tiene relación con ser el primer autor de habla hispana en tratar este tema de tanta relevancia como es el la depresión y el riesgo de suicidio. Junto al libro del profesor Michael D. Yapko "Hypnosis and the Treatment of Depressions", el libro de Pérez viene a ser un complemento perfecto como guía para profesionales de la salud formados en hipnosis y su abordaje con pacientes deprimidos y así puedan contribuir en la disminución de las estadísticas tan dolorosas en materia de suicidios.

Cristóbal Schilling Fuenzalida
Director Centro de Hipnosis Clínica de Chile.

Una forma de buscar nuestra tranquilidad interna como profesional y salvaguardar la integridad del paciente, por lo general, será derivar en interconsulta a algún psiquiatra, o bien solicitar con familiares la internación urgente del paciente. Pero aun así, no siempre tenemos gran claridad en saber cuanto riesgo hay que nuestro paciente se suicide.

No sé si los médicos se encuentran preparados para el fallecimiento de un paciente, quizás especialistas oncológicos o de pacientes terminales lo estén, pero como psicólogos clínicos debemos evitar y estar atentos a cualquier señal que el paciente nos presente en relación a ideación o intento de quitarse la vida. La muerte de un paciente por suicidio afecta de manera significativa a la familia, amigos e incluso al terapeuta. Nos llena de dudas respecto de buscar en cada sesión si hubo algo que debiéramos haber hecho, dicho o preguntado que pudiera haber cambiado esa dura y definitiva determinación.

La hipnosis como una herramienta de tratamiento tiene una capacidad importante para habilitar a las personas en una amplia variedad de formas; sin embargo, el uso de la hipnosis en el tratamiento de la depresión ha sido históricamente desacreditada por razones infundadas. El resultado ha sido una escasez evidente de literatura clínica y de investigación sobre el tema.

ANÁLISIS HISTÓRICO LÓGICO

Existen varios enigmas considerables en la vida humana, el suicidio es uno de ellos. Nadie conoce realmente por qué un ser humano se priva de la vida y la afirmación de que no hay motivo alguno que sea válido para asumir que esa conducta no resiste ninguna objeción. Desentrañar los misterios que emanan de la conducta suicida es parte de la ciencia. [1]

El suicidio constituye un importante problema de salud, un verdadero drama existencial del hombre, se reconoce desde la antigüedad en la Biblia, en la Era Cristiana es considerado un pecado, condenado por la Iglesia todo individuo con conducta suicida. [2]

A principios del siglo XX comenzaron los estudios acerca del suicidio a partir de dos corrientes principales, la Sociológica, representada por Dorkheim, y la Psicológica, expuesta por Meninger y Freud, que involucraron diferentes mecanismos inherentes al psiquismo. [3]

La Organización Mundial de la Salud define el intento suicida como cualquier acción mediante la cual el individuo se causa una lesión, independientemente de la letalidad del método empleado y del conocimiento real de su intención, este debe verse a la luz de los conocimientos actuales como falla de los mecanismos adaptativos del individuo a su medio ambiente. [1]

Es provocado por una situación conflictiva actual o permanente que genera un estado de tensión emocional o como consecuencia a diversas causas, concepto que aporta una valoración integral y dialéctica de los factores que intervienen en el hecho. [1-3]

La conducta suicida es definida en otro momento como todo acto cometido en perjuicio de quien lo ejecuta, con diverso grado de intento letal e incluye el intento suicida y el suicidio consumado, [6] aunque describe un proceso continuo que va desde la idea suicida hasta el suicidio, donde el comportamiento suicida abarca el suicidio consumado, el intento y las amenazas suicidas así como la ideación del acto, con ideas y pensamientos específicos, llamados por algunos autores parasuicidio y síndrome pre suicida. [4]

Se entiende en el presente estudio a la ideación suicida como alteración definida a manera de constante en las categorías que conforman a la conducta suicida en general. Es innegable la presencia de ideación para el acto suicida ya sea desde la elaboración implícita hasta el acto consumado.

El intento suicida y el suicidio son las dos formas más representativas de la conducta suicida; aunque representan un recorrido que va desde la idea suicida hasta el suicidio. La ideación suicida comprende desde la idea de la dificultad de vivir a la idea suicida transitoria, prolongada, impulsiva, planeada y permanente.

El parasuicidio o intento suicida es definido como cualquier acción mediante la cual el individuo se causa una lesión independientemente de la letalidad del método empleado y del conocimiento real de su intención. El intento suicida es concebido de dos maneras: cuando el sujeto realiza un acto de autoagresión con amenaza de muerte, pero su intención final no era quitarse la vida, y cuando fracasa en su intento de darse muerte una vez realizado el acto.[5]

Estos tienen muchos significados y sea cual sea su grado de letalidad debe presentársele especial atención: son la muestra viva para conocer la verdad sobre las características y causas de que las personas adopten la autodestrucción. El suicidio consumado, causa gran impacto en la sociedad, donde desde épocas remotas se determinan las más diversas respuestas y es el origen de infinitas especulaciones, de discusiones filosóficas y de gran producción literaria. [7]

El suicidio resulta de causa multifactorial en el que intervienen factores biológicos, psicológicos y sociales, considerándose como la expresión de una "falla" en los mecanismos adaptativos del sujeto al medio, provocada por una situación de conflicto actual o permanente que genera un estado de tensión emocional. [8]

Resulta de un hecho complejo que requiere para su comprensión de un enfoque interdisciplinario integral que abarque la influencia de los factores individuales, sociales y familiares que induzcan a intentar la autodestrucción de una persona; comportándose como el acto consciente de aniquilación auto inducida, mejor comprendido como un malestar multidimensional en un individuo necesitado que delimita un problema, para el que el acto es percibido como la mejor solución.

Es importante conocer que durante la etapa de la adolescencia y de adulto joven en el ser humano se suceden sistemáticos cambios relacionados con las actitudes asumidas por los jóvenes en los aspectos psicológicos, fisiológicos, socioculturales y biológicos, donde se adquiere la independencia, se logra el despego familiar y se generan algunas conductas que inciden negativamente en el medio familiar y social, lo cual produce estilos de vida poco saludables como la conducta suicida que afecta su calidad de vida. [9, 19]

Los adolescentes que intentan el suicidio o se suicidan están caracterizados por diferentes factores de riesgo para esta conducta, entre los que se citan:

-Provenir de medios familiares con desventaja social y pobreza educacional.

-Exposición a situaciones familiares adversas que condicionan una niñez infeliz.

-Los que presentan psicopatologías incluyendo la depresión, el abuso de sustancias y tener una conducta disocial.

-Baja autoestima, la impulsividad, la desesperanza, los amores contrariados o los problemas socioeconómicos.

-Falta de comunicación con los padres, la desesperanza y el maltrato, entre otros aspectos, que limitan la participación social activa del adolescente, impiden la satisfacción de sus necesidades más elementales y coartan la libertad de quienes los padecen. [20]

A nivel práctico, la tentativa de suicidio o incluso la sola idea de suicidio representa a veces una urgencia de primer orden en razón al riesgo de reincidencia y consumación del acto. Desde el punto de vista teórico, el campo de la psicopatología del adolescente queda mal ubicado dentro de las variables psiquiátricas clásicas. De hecho no se conocen la cantidad exacta de tentativas de suicidios entre adolescentes, pues en la mayor parte se mantienen cubiertas por el sujeto mismo y la familia. [21-25].

Existen diferentes métodos de quitarse la vida, los suaves o pocos letales como lo es la ingestión de psicofármacos, sustancias tóxicas, etc., y los métodos duros o letales como son el ahorcamiento, precipitación desde alturas, quemaduras, sección de vasos sanguíneos, uso de armas de fuego y otros. De forma general los hombres utilizan los métodos duros de ahí que logren mayor mortalidad.

COMPORTAMIENTO CLÍNICO EPIDEMIOLÓGICO

A escala mundial las tasas de suicidio aumentaron 60 % en los últimos 45 años y 90 % de los casos está asociado con la depresión y el abuso de sustancias. Cada año se suicida un millón de personas y diariamente en el mundo 1110 individuos consuman el hecho y otros tantos intentan hacerlo, de los cuales solo la décima parte lo logra, independientemente de la geografía, cultura, etnia, religión, posición socioeconómica, entre otros.[26]

En toda Alemania cerca de 10 mil personas se quitaron la vida en el 2008, un comportamiento extremo más frecuente entre los hombres que entre las mujeres. Las cifras son escalofriantes: cada 40 segundos alguien en el mundo se quita la vida; en Alemania fueron casi 9500 personas las que se suicidaron en el 2008, pero son solo una pequeña parte de las que lo intentaron, unas 38 mil.

En Francia cerca de 1000 suicidios conciernen a niños y adolescentes con una prevalencia de 70% en hombres. El método más utilizado por estos últimos es el ahorcamiento, mientras las mujeres recurren a la ingesta de medicamentos. Presentándose una de las más altas tasas de este tipo de muertes al ocupar el cuarto lugar detrás de Finlandia, Austria y Luxemburgo, según un estudio del 2008 del Instituto de Salud y de la Investigación Médica.

En el 2010, la Organización Mundial de la Salud hizo público que la tasa de suicidios mundial fue de 16 por cada 100 000 habitantes. En el continente Americano el suicidio ha alcanzado grandes proporciones durante los últimos decenios, por lo que se ha convertido en una importante preocupación de salud.

En el 2013 el suicidio cobró 842 000 vidas, siendo la décima causa de muerte, se estima que ha habido un promedio de 10 a 20 millones de intentos suicida los cuales ha fracasado en su objetivo final, dar traste con la vida de la persona, pero si ha causado desde lesiones leves a graves, donde predominan personas jóvenes femeninas. [27-30]

En el ámbito mundial, la conducta suicida es de alta prevalencia. Los países desarrollados notifican elevadas tasas de mortalidad por esta conducta y ofrecen datos que se elevan por encima de 30 suicidios por cada 100 000 habitantes y en algunos sobrepasan los 40; los intentos fallidos se plantean en un indicador de alrededor de 10 por cada suicidio consumado.[31]

En los Estados Unidos de América de acuerdo con el reporte del Centro para el Control de Enfermedades, ocupa la duodécima causa de muerte. En el 2010 se reportó un total de 38 364 muertes por suicidio, las cuales se asociaron a causas de índole económica, demostrándose un incremento de las cifras de este flagelo. Un año antes, fue la séptima causa de muerte para el sexo masculino y la decimosexta causa de muerte para el sexo femenino. [32]

El suicidio es la tercera causa de muerte de los adolescentes y adulto jóvenes comprendidos entre 15 y 24 años y se estima que desde 1999 hasta el 2010 se ha incrementado de forma general en las edades comprendidas entre 35 a 60 años, siendo para el sexo masculino un incremento aproximadamente entre un 30 y un 50 porciento, y para el sexo femenino 60 porciento.

En América Latina, la mayor incidencia de suicidio se presenta en jóvenes entre 15 y 19 años de edad, a pesar de que Canadá, Estados Unidos, Cuba y Venezuela registran las tasas más altas. Se constata además que ha figurado entre el tercer y cuarto lugar de las causas de defunciones en las edades comprendidas entre 15 y 44 años y representa 6,5 % del total de las muertes en este grupo etario. [38]

Uruguay presenta altas tasas para la región (10 por cada 100 000 habitantes). Internacionalmente se estima que el intento de autoeliminación es 10 veces superior al suicidio; con el consumo de drogas aparecen elementos de predisposición a conductas agresivas.

En Cuba las primeras comunicaciones sobre el suicidio datan de la época de la colonización española, son referidas por *Fray Bartolomé de las Casas*, acerca de grupos de individuos que preferían ahorcarse antes que soportar los tormentos y calamidades de la colonización, igual actitud asumían los esclavos africanos. [33-35]

El primer informe de carácter epidemiológico en Cuba data de 1940, donde se analizó y procesó datos sobre suicidio desde 1902 hasta 1971 y se encontró una mayor incidencia en hombres de edad avanzada con predominio del ahorcamiento, no así las mujeres con el uso del fuego. [38]

El desarrollo social alcanzado por Cuba permite dar un salto cualitativo en el sistema de salud, esto se muestra en una atención cada vez más integral de los problemas que afectan el estado de salud del hombre y su familia. La incidencia de la conducta suicida ha tenido en los últimos años una tendencia a disminuir, aunque continúa siendo un problema que aumenta en localidades del territorio nacional. [5,38.]

En la década de los 60, la tasa de 15,4 x 100 000 habitantes y como parte de los profundos cambios sociales que significa el triunfo de la Revolución, los Servicios de Psiquiatría se integran al Sistema Nacional de Salud (SNS); se busca la cobertura total de la población, la equidad de su prestación, la integridad de acciones de promoción, prevención, atención al daño y rehabilitación.

Su centro se desplaza hacia la atención primaria de salud (APS) y el modelo biométrico es sustituido paulatinamente por el biopsicosocial y salubrista. Se cuenta con la voluntad política y la participación de la comunidad organizada. En el Fórum Nacional de Higiene y Epidemiología, en 1974 se abordó por primera vez el problema de la Epidemiología Psiquiátrica. A partir de 1980 la tasa bruta se mantiene por encima de 20.

Hasta 1982 en que se produce la tasa más alta en los últimos 30 años: 23,2 x 100 000 habitantes, lo que representa las muertes por suicidio, 4% de las defunciones acaecidas ese año. Se realiza una investigación de carácter nacional, como resultado de la cual se puso en marcha el Programa Nacional de Atención a la Conducta Suicida.

Hoy día ocupa la novena causa de muerte, según datos proporcionados por la Oficina Nacional de Estadística e Información de la República de Cuba comportándose de la siguiente manera:

-En el 2008 para 1377 casos.

-En 2009 para 1472 caso.

-En 2010 para 1557 casos.

-En 2011 para1529 casos.

-En 2012 para 1495 casos.

-En el 2013 para 1490 casos. [5]

Estos datos son con edición posterior al año, en los primeros meses del siguiente, para un mejor cierre y tabulación de los datos nacionales obtenidos. Debe aclararse que la incidencia del suicidio ha ido descendiendo, y se notan cambios en los reportes de las principales causas de muerte entre los 10 y 19 años de edad. A pesar de esta reducción, es un problema de salud.

El suicidio es la cuarta causa de muerte en el grupo etario de 15-49 años, con una tasa de 17,6 por 100 000 habitantes. [5]

La Dirección Nacional de Estadísticas del MINSAP en Cuba reporta, aproximadamente, seis intentos por cada fallecido y un ligero incremento en las tasas de intento de suicidio entre 10 y 14 años, lo que se hace muy preocupante, demostrándose que continúa siendo una de las principales causas de muerte.

Su enfrentamiento debe ser una prioridad para el mejoramiento de las cuestiones psicosociales de la vida de la población en general. En el año 2006, las provincias del país que tuvieron las mayores tasas de suicidio para todas las edades son: La Habana con 15,9; Pinar del Río con 15,2; Granma con 12,3 y Holguín con 14,1 x 100 mil habitantes.

La provincia de Guantánamo, al finalizar el 2010, tuvo una tasa de mortalidad de 12 por cada 100 000 habitantes y ocurrieron 1 305 intentos.

En la provincia Holguín el suicidio se comporta como la octava causa de muerte, según datos proporcionados por la Oficina Nacional de Estadística e Información de la República de Cuba comportándose de la siguiente manera: Año 2017 para 187 casos.

Año 2009 para 147 casos.

Año 2010 para 175 casos.

Año 2011 para169 casos.

Año 2012 para 164 casos.

Año 2013 para 197 casos. [38]

En Cuba las lesiones autoinflingidas en el periodo de 2016 a 2017 para el grupo de edades de 10 a 19 años, se ubicaron en el tercer lugar con 29 y 32 fallecidos respectivamente.

En Banes en el año 2018 fallecieron 18 pacientes por

esta causa. Esto evidenció un incremento inicial tanto del número de personas que intentaron contra su vida; así como las que perdieron la misma.

La valoración realizada en el Policlínico Universitario "César Fornet Fruto" acerca de esta conducta en los adolescentes le permite al autor, percatarse del incremento de autolesión de estos casos lo cual es alarmante.

En el año 2015 fallecieron por esta causa 5pacientes y 57 intentaron contra su vida, de ellos 21 adolescentes, en el 2016 intentaron suicidarse 38, entre estos, 17 adolescentes, fallecieron por esta causa 3 pacientes. En el 2017 se suicidaron 3 pacientes e intentaron suicidarse 68, de los cuales 23 son adolescentes. En el 2018 las cifras fueron: suicidios consumados 10, intentos suicidas: 44, de los cuales 15 son adolescentes.

Lo expresado anteriormente señala que la conducta suicida está asociada con factores de riesgos prevenibles comunes, relacionados con el modo de vida y estilo de vida por lo que se debe trabajar en base a los objetivos planteados en el Programa Nacional de Prevención de la Conducta Suicida.

Se establece en primer orden evitar el primer intento suicida, su repetición y la consumación, poniendo en manos del personal médico y paramédico un instrumento de trabajo para lograr la disminución de muertes y así cumplir con los indicadores de salud anhelados por nuestro ministerio y mejorar de esta forma la salud mental de la población. Existen insuficiencias en los conocimientos del manejo psicoterapéutico de la ideación suicida en la adolescencia.

Por tales razones y respondiendo a lineamientos nacionales de investigación. Surge la idea científica de cómo contribuir al manejo psicoterapéutico de pacientes en edad pediátrica con conducta suicida de manera que la comunidad científica y clínica optenga una herramienta funcional para el tratamiento adecuado de este problema de salud.

LA CONDUCTA SUICIDA Y SUS DIFERENTES ENFOQUES.

A finales del siglo XIX, comienza la era moderna en la interpretación del suicidio, con los trabajos de Durkheim y Freud. Durkheim realiza un enfoque sociológico del suicidio y plantea que es el resultado de la fortaleza o la debilidad del control de la sociedad sobre el individuo. Así define tres tipos:

Suicidio altruista: Es el literalmente pedido por la sociedad, debido a su cultura, normas y costumbres. Al individuo no le queda otra opción honorable. Seguir viviendo sería una ignominia. Es el caso del harakiri entre los antiguos samuráis.

Suicidio egoísta: En este caso la persona tiene pocos lazos con la comunidad; son personas que viven solas, no tienen familia ni grupo social o institución con quien relacionarse. No hay prácticamente exigencias sociales para el individuo.

Suicidio anónimo: Se produce por una repentina ruptura en la relación habitual entre la sociedad y el individuo.[2]

Blumenthal y Schneidman plantean que el suicidio es explicado por las ciencias desde distintos ángulos, predominan los enfoques sociológicos y psicológicos. Hoy, existe el consenso de que ninguna de éstas teorías aisladamente es capaz de brindar una explicación completa de éste fenómeno, que de hecho es multifactorial, por lo que lo determinan elementos psicológicos y sociales.

No se descarta la influencia de factores biológicos y conceptualizaron el suicidio como: "el acto humano de aniquilación auto inducida." Los intentos suicidas son mucho más frecuentes que los suicidios con una confirmación epidemiológica de 30 a 1, donde se presentan reiteradamente las intoxicaciones medica-mentosas.

La vulnerabilidad para realizar un intento suicida aumenta significativamente cuando una persona ha perdido el control de sus impulsos emocionales sobre todo cuando este se desarrolla en un ambiente de hostilidad, donde aparecen importantes síntomas conductuales o emocionales que se desarrollan en respuesta a uno o múltiples factores psicosociales. [4, 55]

Dentro de estos acontecimientos se pueden mencionar los procesos relacionados con la edad del individuo, problemas ocupacionales, personales, familiares, de salud - enfermedad o fallecimiento de algún integrante de la familia.

Elementos para evaluar la conducta suicida.

La Organización Mundial de la Salud considera tener en cuenta los siguientes elementos para la correcta evaluación del paciente con Intento Suicida.

a) Ideación suicida (esporádica-persistente).

b) Determinación (suicidio como posibilidad-decisión franca de suicidarse).

c) Plan suicida (plan suicida desarrollado-mayor riesgo: la disponibilidad de medios para el suicidio incrementa el riesgo).

d) Soledad (falta de apoyo social y familiar incrementa el riesgo).

e) Alcoholismo (su consumo limita la capacidad de autocontrol y puede favorecer la conducta suicida).

f) Dificultades sociales (marginalidad, desempleo, falta de expectativas, falta de grupo de pertenencia) y enumera los diferentes factores asociados a ésta conducta.[40-43]

Dentro de las conductas suicidas, se deben destacar:

a) Las ideas de suicidio.

b) El planeamiento del suicidio: como, donde y cuando llevar adelante la conducta de autodestrucción, el lugar y hasta a veces el día elegido.

c) El parasuicidio: es un acto generalmente no fatal, que se ha incrementado en los últimos tiempos, sobre todo en mujeres adolescentes o jóvenes. Es impulsivo y se utilizan sustancias medicamentosas.

d) Es frecuente en aquellas personas con modificaciones abruptas del humor o con personalidades de características antisociales. Existen síntomas depresivos en el 10% de los casos y se observa un entorno de desorganización social.

e) El suicidio: tiene como característica preponderante el ser fatal y premeditado. Es más habitual en el varón, con una personalidad pre mórbida normal. Existe depresión en el 70% de los casos y es frecuente el aislamiento social. [9]

La motivación que lleva al individuo a realizar un intento suicida que finalmente logra o no, es lo que se dcfinc como móvil, independientemente del método empleado, que se refiere a la forma o vía por la cual estas personas decidieron quitarse la vida, ya sean duro o blando.

El intento de suicidio, junto al suicidio, son las dos formas más representativas de esta conducta, aunque no las únicas. Desgraciadamente existen muchos textos que sólo tienen en cuenta estos dos aspectos, los que, por demás son los más graves, y no otros que detectándolos y tomándolos en consideración de forma oportuna, evitarían que ambas ocurrieran.

El espectro completo del comportamiento suicida está conformado por la ideación de autodestrucción en sus diferentes gradaciones: las amenazas, el gesto, el intento y el hecho consumado. [9, 56]

<u>Formas de presentación.</u>

La ideación suicida abarca un amplio campo de pensamiento que puedan adquirir las siguientes formas de presentación:

- El deseo de morir ("La vida no merece la pena vivirla", "Yo lo que debiera es morirme", etcétera).
- La representación suicida ("Me he imaginado que me ahorcaba").
- La idea de autodestrucción sin planeamiento de la acción ("Me voy a matar", y al preguntarle cómo lo va a llevar a efecto, responde: "No sé cómo, pero lo voy a hacer").
- La idea suicida con un plan indeterminado o inespecífico aún

("Me voy a matar de cualquier forma,
con pastillas, tirándome delante de un
carro, quemándome").
- La idea suicida con una adecuada
  planificación ("He pensado ahorcar-
  me en el baño, mientras mi esposa
  duerma"). Se le conoce también como plan suicida. Sumamente grave.

Todas estas manifestaciones de la ideación de autodestrucción deben ser exploradas, si el paciente no las manifiesta, pues la comunicación y el diálogo abierto sobre el tema no incrementan el riesgo de desencadenar el acto, como erróneamente se considera y es una valiosa oportunidad para iniciar su prevención. [3]

Las amenazas suicidas son expresiones verbales o escritas del deseo de matarse y deben tenerse en cuenta, pues es un error frecuente pensar: "El que lo dice, no lo hace" o "El que se mata, no avisa que lo va a hacer". Cuando la amenaza ocurre y se tiene los medios disponibles para su realización, pero sin llevarla a cabo, se considera por algunos como gesto suicida (tener las pastillas en la mano sin tomarlas) y nunca dcbc scr minimizado ni valorado despectivamente como "un alarde". [2]

Se considera que el intento es más frecuente en los jóvenes, en el sexo femenino, y los métodos más utilizados son los suaves o no violentos, principalmente la ingestión de fármacos o sustancias tóxicas.

Ante todo hay que considerar que estos rasgos son individuales, pues lo que para algunos es un elemento de riesgo, para otros no representa problema alguno. Además de individuales son generacionales, ya que los factores en la niñez pueden no serlo en la adultez o en la vejez. Por otra parte, son genéricos, pues los de la mujer no son similares a los de los hombres. Existen los que son comunes a cualquier edad y sexo, los cuales, indudablemente, son los más importantes. [18]

Factores asociados a la conducta suicida.
Niños y Adolescentes:
Predisposiciones individuales: presencia de desórdenes de salud mental: depresión, intento suicida previo, abuso de sustancias, consumo de drogas, problemas en el aprendizaje, impulsividad, fracaso escolar, enfermedades incapacitantes, vulnerabilidad ante los elementos humillantes, desvinculo de estudio y/o trabajo, internamiento involuntario, alteración de la identidad sexual, adscripción a grupos con conductas disruptivas.

Familiar: violencia parental, abuso sexual, abuso de alcohol y drogas, aislamiento, antecedentes de conducta suicida, comportamiento suicida aceptado, muerte o separación de familiares, rechazo de la familia, facilidad de medios que faciliten la conducta suicida, pobreza, desatención familiar.

Comunitario: Deterioro socio-económico de la comunidad, escaso o nulo acceso a actividades deportivas, recreativas, culturales, etc., alta incidencias de alcoholismo y otras adicciones y comportamientos suicida aceptado.

La Salud Pública en Cuba tiene un carácter preventivo cuyo objetivo es impedir la aparición, el desarrollo y la prolongación de enfermedades, sean transmisibles o no. Para ello, se ha de favorecer el mantenimiento en la salud o poner barreras a los factores de riesgo que determinan la ocurrencia de la enfermedad, así como lograr el diagnóstico precoz, tratamiento y la rehabilitación para evitar y limitar la invalidez que puede ocasionarle. [9]

La conducta suicida está asociada con factores de riesgos prevenibles comunes relacionados con el modo de vida y estilo de vida, por lo que se debe llevar a cabo una lucha integrada contra estos.

En el contexto laboral del Equipo Básico de Salud, que no es más que la comunidad, el médico y la enfermera dc la familia una vez que detectan el riesgo son capaces de poner en práctica acciones educativas de salud con la intención de modificar conductas inadecuadas, siempre con la gestión intersectorial. [27, 57]

CRITERIOS EQUIVOCADOS Y CIENTÍFICOS CON RESPECTO AL SUICIDIO

Existen diversos criterios erróneos con respecto al suicidio, a los suicidas y a los que intentan el suicidio, que deben ser eliminados si se desea colaborar con este tipo de personas. Pasemos a enunciar algunos de ellos, no todos, desde luego, y expondremos los criterios científicos que desde este momento deben primar en usted para poder hacer efectiva su ayuda en la prevención del suicidio.

Criterio equivocado: El que se quiere matar no lo dice.

Criterio científico: De cada diez personas que se suicidan, nueve de ellas dijeron claramente sus propósitos y la otra dejó entrever sus intenciones de acabar con su vida.

Criterio equivocado: El que lo dice no lo hace.

Criterio científico: Todo el que se suicida expresó con palabras, amenazas, gestos o cambios de conducta lo que ocurriría.

Criterio equivocado: Los que intentan el suicidio no desean morir, sólo hacen el alarde.

Criterio científico: Aunque no todos los que intentan el suicidio desean morir, es un error tildarlos de alardosos, pues son personas a las cuales les han fracasado sus mecanismos útiles de adaptación y no encuentran alternativas, excepto el intentar contra su vida.

Criterio equivocado: Si de verdad se hubiera querido matar, se hubiera tirado delante de un tren.

Criterio científico: Todo suicida se encuentra en una situación ambivalente, es decir, con deseos de morir y de vivir. El método elegido para el suicidio no refleja los deseos de morir de quien lo utiliza, y proporcionarle otro de mayor letalidad es calificado como un delito de auxilio al suicida (ayudarlo a que lo cometa), penalizado en el Código Penal vigente.

Criterio equivocado: El sujeto que se repone de una crisis suicida no corre peligro alguno de recaer.

Criterio científico: Casi la mitad de los que atravesaron por una crisis suicida y consumaron el suicidio, lo llevaron a cabo durante los tres primeros meses tras la crisis emocional, cuando todos creían que el peligro había pasado. Ocurre que cuando la persona mejora, sus movimientos se hacen más ágiles, está en condiciones de llevar a vías de hecho las ideas suicidas que aún persisten, y antes, debido a la inactividad e incapacidad de movimientos ágiles, no podía hacerlo.

Criterio equivocado: Todo el que intenta el suicidio estará en ese peligro toda la vida.

Criterio científico: Entre el 1 % y el 2 % de los que intentan el suicidio lo logran durante el primer año después del intento y entre el 10 al 20 % lo consumarán en el resto de sus vidas. Una crisis suicida dura horas, días, raramente semanas, por lo que es importante reconocerla para su prevención.

Criterio equivocado: Todo el que se suicida está deprimido.

Criterio científico: Aunque toda persona deprimida tiene posibilidades de realizar un intento de suicidio o un sui cidio, no todos los que lo hacen presentan este desajuste. Pueden padecer esquizofrenias, alcoholismo, trastornos del carácter, etc.

Criterio equivocado: Todo el que se suicida es un enfermo mental.

Criterio científico: Los enfermos mentales se suicidan con mayor frecuencia que la población en general, pero no necesariamente hay que padecer un trastorno mental para hacerlo. Pero no caben dudas de que todo suicida es una persona que sufre.

Criterio equivocado: El suicidio se hereda.

Criterio científico: No está demostrado que el suicidio se herede, aunque se puedan encontrar varios miembros de una misma familia que hayan terminado sus vidas por suicidio. En estos casos lo heredado es la predisposición a padecer determinada enfermedad mental en la cual el suicidio es un síntoma principal, como por ejemplo, los trastornos afectivos y las esquizofrenias.

Criterio equivocado: El suicidio no puede ser prevenido pues ocurre por impulso.

Criterio científico: Toda persona antes de cometer un suicidio evidencia una serie de síntomas que han sido definidos como síndrome presuicidal, consistente en constricción de los sentimientos y el intelecto, inhibición de la agresividad, la cual ya no es dirigida hacia otras personas reservándola para sí, y la existencia de fantasías suicidas, todo lo que puede ser detectado a su debido tiempo y evitar se lleven a cabo sus propósitos.

Criterio equivocado: Al hablar sobre el suicidio con una persona en este riesgo se le puede incitar a que lo realice.

Criterio científico: Está demostrado que hablar sobre el suicidio con una persona en tal riesgo en vez de incitar, provocar o introducir en su cabeza esa idea, reduce el peligro de cometerlo y puede ser la única posibilidad que ofrezca el sujeto para el análisis de sus propósitos autodestructivos.

Criterio equivocado: El acercarse a una persona en crisis suicida sin la debida preparación para ello, sólo mediante el sentido común, es perjudicial y se pierde el tiempo para su abordaje adecuado.

Criterio científico: Si el sentido común nos hace asumir una postura de paciente y atenta escucha, con reales deseos de ayudar al sujeto en crisis a encontrar otras soluciones que no sean el suicidio, se habrá iniciado la prevención.

Criterio equivocado: Sólo los psiquiatras pueden prevenir el suicidio.

Criterio científico: Es cierto que los psiquiatras son profesionales experimentados en la detección del riesgo de suicidio y su manejo, pero no son los únicos que pueden prevenirlo. Cualquiera interesado en auxiliar a este tipo de personas puede ser un valioso colaborador en su prevención.

Criterio equivocado: El tema del suicidio debe ser tratado con cautela por los problemas sociopolíticos que ocasiona.

Criterio científico: El tema del suicidio debe ser tratado de igual forma que otras causas de muerte, evitar las noticias sensacionalistas y aquellos manejos que provoquen la imitación de esa conducta. Por otra parte, el suicidio como causa de muerte, se observa en países de regímenes socioeconómicos diferentes, desde los muy desarrollados hasta los que apenas tienen recursos, pues responde a factores diversos, como son los biológicos, psicológicos, sociales, psiquiátricos y existenciales.

LA PERSONA CON RIESGO SUICIDA Y SU MANEJO

A continuación expondré varias maneras de manejar a una persona con la posibilidad de realizar un acto suicida y alerto al lector de que cualquier método, siempre que sea auténtico, armonice con las características de la personalidad de quien lo emplea, sea utilizado por quien crea en su efectividad y persiga como objetivo impedir la consumación de dicho acto, puede lograr buenos resultados en la prevención del suicidio.

I. Frente a todo paciente con riesgo de suicidio lo primero que se evalúa es si el sujeto puede responsabilizarse con su vida o no está en condiciones para ello. Esto implica considerar quién ha sido esta persona, quién es ahora, comparándola con los datos recabados previamente, para hacer patente las diferencias, si existieran, y que pueden precipitar un acto suicida. Aquí queda incluida también, la búsqueda de la parte sana e inteligente del paciente, con la que debemos trabajar para disminuir las probabilidades de llevar a vías de hecho los propósitos autolesivos.

Paralelamente, se debe explorar qué otros recursos en la familia y en el medio están disponibles para evitar el intento o el suicidio de la persona. Al igual que se evalúa la parte sana, debe evaluarse la parte enferma del individuo, es decir, su grado de perturbación mental: si está privado o no de sus facultades mentales y si es capaz de participar de manera constructiva o no en su autoayuda.

Y también si esta persona tiene reales motivos para seguir viviendo, por lo que se hace necesario averiguar si está casado, si tiene hijos, si trabaja y se siente satisfecho con lo que hace, si tiene amigos o pertenece a alguna organización política, religiosa, fraternal, etc., su estado de salud física y sensación de bienestar, entre otras cuestiones.

Luego de este análisis entre quién era este sujeto y quién es ahora, en este momento de riesgo, se pueden dividir las personas potencialmente suicidas en tres categorías:

Primera categoría: Personas imposibilitadas de hacerse responsables de sus vidas. En esta categoría se incluyen a los que tienen muy pocos motivos para seguir viviendo, como los ancianos solos y sin familia que se ocupe de ellos y tengan otros factores de riesgo suicida sobreañadidos, como enfermedad dolorosa, incapacitante, que requiera varias intervenciones quirúrgicas, mala situación económica, tristeza, llanto, ideas suicidas, amenazas de quitarse la vida, ingestión frecuente de alcohol, insomnio marcado, demencia incipiente,   etcétera. Los individuos portadores de enfermedades psiquiátricas graves como las esquizofrenias, los trastornos del hum or, la depresión y el alcoholismo complicado; los dementes y los retrasados mentales moderados a severos, así como aquellos enfermos físicos portadores de cáncer o SIDA, y los que padezcan de dolor crónico intenso.

Por último, los niños deben quedar entre las personas que no son responsables de sus vidas, pues, realmente, no lo son.

Segunda categoría: Personas con responsabilidad parcial sobre sus vidas. En esta categoría quedan incluidos quienes padezcan las enfermedades del acápite anterior en determinado momento de su evolución, cuando es posible mantener contacto con el facultativo, son manejables en su medio familiar y sus síntomas actuales no son de gravedad.

Se incluyen también los retrasados mentales ligeros, los alcohólicos no complicados y, desde luego, a los adolescentes, que aunque no son enfermos al igual que los niños, requieren a diferencia de éstos, no tutelaje, sino orientación, consejos.

Tercera categoría: Aquí se incluyen a las personas con plena responsabilidad sobre sus vidas, como los que presentan trastornos de la personalidad, enfermedades psiquiátricas menores o no graves, enfermedades físicas con repercusión psicológica pero con conciencia lúcida, problemas situacionales sin síntomas de graves alteraciones del funcionamiento psíquico; y, desde luego, los adultos sin trastornos psiquiátricos.

Con cada una de estas categorías se debe hacer una intervención diferente, según el siguiente diagrama:

Este manejo se propone en lo fundamental, comprobar si el sujeto puede colaborar con el cuidado de su propia vida y con quienes le quieren ayudar a que se la cuide. Mientras menos cooperación haya, se deben extremar las precauciones pues es más probable la realización del acto suicida, independientemente del grado de responsabilidad que tenga sobre su vida.

II. Esta variante es para enfrentarnos con quien haya realizado un intento de suicidio. Consiste en tratar de dar respuesta a una serie de preguntas en conversación con el suicida en potencia. Pasemos a enunciarlas:

1. ¿Quién era esta persona antes de intentar contra su vida?

De las respuestas a esta pregunta se pueden conocer los factores que elevan el riesgo de cometer suicidio:

• Padecer enfermedad psiquiátrica previa.

• Antecedentes de intentos de suicidio.

• Inadaptación social.

• Inadaptación laboral.

• Inadaptación familiar.

• Provenir de una familia psiquiátrica o tener familiares psiquiátricos.

• Provenir de una familia de suicidas o sobrevivientes de suicidios.

2. ¿Quién es esta persona ahora?

La comparación entre las respuestas a la pregunta precedente y a ésta puede dar más aproximación al riesgo de suicidio, pues mientras mayores sean las diferencias entre lo que una persona fue y lo que es, éste puede incrementarse. Aquí queda incluido además, el cuadro clínico actual, es decir, los síntomas presentados y es la idea suicida planificada la más peligrosa por la cercanía a la ejecución del acto; la inadaptabilidad familiar, laboral y social en el presente, los factores que desencadenaron el intento suicida, entre los que sobresalen los conflictos de familia y pareja y las enfermedades físicas asociadas.

3. ¿Es alta su letalidad?

Aquí las respuestas nos deben orientar sobre el método empleado, pues aunque cualquiera en determinadas circunstancias puede ocasionar la muerte, los llamados métodos duros, como el ahorcamiento, el fuego, la precipitación de lugares elevados creados por el hombre o naturales, sección de grandes vasos, sumersión y otros, son más peligrosos. Con respecto a las circunstancias, debe prestarse especial atención a los que eligen lugares de difícil acceso, en los que las posibilidades de rescate son mínimas, aunque se han realizado suicidios ante las cámaras de televisión y millones de televidentes.

4. ¿Qué es lo que dice el paciente?

Con esta pregunta se trata de verificar a qué se ajusta la ideación suicida:

si existe el propósito de morir o al acto se le atribuye otro significado como el deseo de mostrarle a otros cuan grandes son sus problemas, escapar de una situación intolerable, petición de ayuda, etc. La presencia de un plan suicida incrementa sustancialmente el peligro de repetirlo con éxito, al igual que las ideas distorsionadas sobre la realidad, los clásicos "disparates" al decir de los familiares, que cuando tienen como tema supuestas culpas, autorreproches, miserias, tragedias, calamidades, enfermedades incurables, etc., comportan elevado riesgo de suicidio.

5. ¿Qué parte sana tiene el sujeto?

La respuesta a esta pregunta tiene una importancia estratégica pues de ella depende el manejo definitivo de la crisis suicida del sujeto. Las situaciones diversas que se pueden presentar transcurren desde personas sin apenas perturbación psíquica hasta las gravemente perturbadas, desde las que tienen una crítica razonada de lo ocurrido hasta las que consideran el suicidio como única posibilidad.

6. ¿De qué se puede aferrar este sujeto, además de mí, para seguir viviendo?

Como se ve, mediante esta pregunta debe conocerse todo aquel que trate con la persona con riesgo suicida; esto es de gran valor humano, fraternal, solidario, porque, además de nuestra ayuda, debemos recabar apoyo de hijos, cónyuges, compañeros de trabajo, vecinos, etc.

7. ¿Qué más puedo hacer por esta persona?

Su contestación permite hacer una revisión de lo hecho hasta este momento que, en lo fundamental, ha consistido en la evaluación del riesgo suicida. En lo adelante, se deben concentrar los esfuerzos en dirigir a la persona con intento suicida, amenazas suicidas, ideas suicidas planificadas o no, a recibir atención calificada, que puede ser el médico de la familia, psicólogos, psiquiatras, unidades de intervención en crisis de los hospitales generales, etc. Este objetivo de acercar al individuo en crisis suicida a los centros de salud es fundamental, y si él no va a ellos, se puede pedir una visita en el domicilio al médico de la familia, si es que ya no la ha realizado como parte de sus deberes.

8. ¿Lo he hecho todo?

Como se puede observar, ésta es una pregunta incisiva que complementa la anterior pretendiendo con ella sean movilizados todos los recursos disponibles, entre ellos, la familia, amigos, vecinos, comunidad, instituciones, organizaciones y todo cuanto sea necesario para enfrentar a un sujeto con intenciones suicidas.

<u>No dejar solo en ningún momento a la persona en una crisis suicida.</u>

III. Otra variante para el manejo de la persona con riesgo suicida.

Lo primero que se debe hacer cuando una persona nos confía sus ideas suicidas, es TOMARLO EN SERIO, dándole la importancia requerida a la situación, pues muchos cometen el grave error de considerar a quienes intentan el suicidio como chantajistas, manipuladores, que se están haciendo los locos, que eso es un teatro o un alarde. Si piensan así, no podrán nunca comprender ni ayudar a un presunto suicida.

Un segundo paso en este manejo es tratar de comprender al sujeto, los motivos que tuvo para intentar contra su vida, y para lograrlo, es importantísimo escuchar con real interés lo que él dice, detenidamente, con atención, así se facilita la liberación de emociones y sentimientos lo cual cumple una función catártica, vomitiva, con el consiguiente alivio, aunque sea momentáneo, pero alivio al fin. Todo lo anterior favorecerá la relación con él y la ayuda que se desea brindar.

En tercer lugar debemos tratar de facilitar en el individuo la búsqueda por sí mismo de soluciones a su problemática actual, de alternativas realistas y posibles, pues en momentos de crisis éstas están sustancialmente reducidas, y predominan los sentimientos de autodestrucción. No es conveniente erigirse en juez supremo de los actos del sujeto o querer responsabilizarse con su vida si él está en condiciones de hacerlo por sí mismo.

Lo cuarto es desterrar del pensamiento la idea falsa de minimizar el motivo por el cual una persona puede intentar el suicidio con expresiones como: "No lo hará pues lo que le está pasando no es motivo para quitarse la vida". Para usted u otro individuo sin riesgo suicida, puede que ese motivo no desencadene dicho acto, pero para el sujeto en riesgo, un motivo similar puede precipitarlo.

Lo quinto que **NUNCA DEBE HACERSE** es retarlo, sugiriéndole métodos de mayor letalidad del que haya empleado en caso de ser sobreviviente de un intento de suicidio, como: "¿Y si tenías tantos deseos de morir por qué no te tiraste delante del tren?, y el sujeto sólo había ingerido tabletas de un ansiolítico de acción breve; o "Acaba de matarte de una vez que me tienes aburrido" o "Usted no se mata nada, no esté haciendo papelazos", estas expresiones deben ser abolidas de nuestro léxico y criticar a quien las pronuncie porque, evidentemente, no sabe la hostilidad que este tipo de personas genera en él.

Pierda el temor de enfrentarse a personas con ideas suicidas, quienes, por lo general, son capaces de establecer una buena relación con usted, están muy necesitados de ser escuchados y desean seguir viviendo con solo que ocurran pequeñas modificaciones en sus vidas. Y no olvide nunca que si intuitivamente considera que el sujeto está en crisis suicida y puede consumar el suicidio, trate por todos los medios de dirigirlo a un centro médico para su tratamiento especializado.

IV. Al enfrentarnos a una persona potencialmente suicida, es necesario tener en cuenta nuestras propias opiniones y puntos de vista con respecto a quienes lo intentan, los cuales pueden oscilar desde el rechazo manifiesto, considerándolos como cobardes, hasta la plena justificación, catalogándolos de héroes.

No es prudente asumir, al enfrentarlos, ni una posición ni la otra. Los individuos que atentan o desean atentar contra su vida, no son ni cobardes ni valientes, pues la cobardía y la valentía son cualidades del carácter no cuantificables por la capacidad que tengan los seres humanos de privarse de sus vidas o no. A estas personas les ha fallado su capacidad reactivo-adaptativa, les han fracasado sus mecanismos útiles de adaptación ante los avatares de la vida, y como sucede en cualquier caso de crisis, se encuentran desesperados, confusos y con una mezcla ambivalente de sentimientos.

Ante esta situación es muy útil servir de "modelo ortopédico" a este tipo de individuos, dándoles apoyo frecuente, ayudándoles en el análisis de sus problemas y dificultades, facilitando la participación de ellos en la búsqueda de soluciones en conjunto con otros familiares, compañeros de estudio o de trabajo, con la finalidad de disminuir hasta donde sea posible los sentimientos recurrentes de soledad tan frecuentes en las personas suicidas.

Es una buena técnica de ayuda no intentar convencerlos de lo maravilloso que resulta estar vivo, de lo buena que es la vida y otras conversaciones similares, pues ellos, precisamente, no son capaces de pensar eso y lejos de ayudar, se pueden incrementar sus sentimientos de ineficiencia, inutilidad, minusvalía, por sentirse incapaces de disfrutar de los beneficios de vivir. En este sentido, es más útil precisar con detalles lo que dicen sobre sus vidas y porqué consideran que carecen de sentido y es mejor morir, pues la sola expresión de estas opiniones pudiera llevarles cierto alivio, además de permitirnos conocer cómo piensan.

No se debe olvidar ni por un momento que las personas con este riesgo, tienen alternativas muy limitadas para resolver problemas y la más socorrida es el suicidio, por lo que resulta de gran importancia conocerlas y evaluar cuan realistas son, y si el peligro es elevado; desde ese momento no se deben dejar solas.

Por último, emplee una parte del tiempo junto a ellas en hacerles comprender las otras opciones no suicidas para resolver los problemas, y que ocasionarían sufrimiento a personas allegadas si murieran; así como también hay quienes desean ayudarles, sin olvidar mencionar las fuentes donde recurrir en busca de salud mental, si persisten los deseos de autoeliminación, en cuyo caso, usted es la persona indicada para acercarlas a ellas.

V. Una variante un tanto complicada de manejar a estas personas con riesgo de suicidio, es aquella en la cual lo primero es realizar el diagnóstico del significado de quitarse la vida para quien desea hacerlo o lo haya intentado. No todos los que se auto agreden tienen reales deseos de morir. A los efectos resultantes de autoagresiones sin propósitos de muerte se les denominan daños auto infligidos y como he señalado con anterioridad, pueden tener diversos significados, necesarios de precisar para hacer un manejo más efectivo de estas personas.

Muchos se infligen daño para evitar con ello el dolor físico, síntoma fundamental ocasionado por determinada enfermedad. No es menester la evidencia del mismo, sino que pueden atentar contra la vida a causa de lo por venir, como es el caso de enfermedades incurables. En esta situación, lo esencial es asegurarle al individuo que existen los medicamentos fundamentales en cantidad suficiente para hacerle frente a esta contingencia y, de fracasar, hay otras técnicas para poner fin al dolor, disponibles en instituciones especializadas.

Algunos desean con el suicidio agredir a otros seres queridos por lo que se hace provechoso discutir el tema de la agresividad y cómo hacerla socialmente útil, pues no es malo ser agresivo, sino hacer un mal uso de ella. Un boxeador que no sea agresivo no es un buen deportista, pues en todos los deportes de combate la agresividad es fundamental. Y ni siquiera en estos casos puede ser utilizada a tontas y a locas, sino de manera inteligente que se traduzca en la victoria. En lo cotidiano hay que hacer lo mismo.

Otros reaccionan de esta manera ante la pérdida de una relación valiosa, y en estos casos se les debe recordar otras pérdidas que hayan precedido a la actual, relacionar los estados anímicos pasados con los presentes y valorar en qué medida esta situación ha vuelto a tener el mismo significado de las experiencias pasadas. Pero ahora es un adulto y se espera de él enfrentarlas de forma más madura, más realista, menos dependiente, menos dañina para él y los que le rodean.

Muchos de los que intentan contra su vida nos están indicando que en ellos ha hecho su debut determinada enfermedad mental de importancia, con necesidad de atención especializada cuanto antes por el peligro de llegar a consumar el suicidio, y se hace impostergable la orientación hacia una clínica psiquiátrica para su diagnóstico, tratamiento y seguimiento de su evolución por profesionales competentes.

Una parte de ellos recurren al suicidio tratando desesperadamente de pedir ayuda por encontrarse ante un problema, incapaces de resolver por sí solos, pues sobrepasa sus capacidades de ajuste. En estos casos, lo mejor será retirarlos de la situación si fuera posible mediante cambio de ambiente, hospitalización, etcétera, enseñarles otras variantes de enfrentamiento y pedir apoyo a cuantas personas tengan que ver con este individuo y la solución de su contrariedad. Por último, hay quienes desean quitarse la vida para salir de una dificultad agobiante como pudiera ser una relación conflictiva y difícil, una situación socioeconómica precaria, responsabilidades ineludibles para las que no se está preparado, etc. Una buena alternativa en estos casos es brindar apoyo emocional al sujeto, calor humano y valorar de qué manera el estrés puede ser reducido para aliviar sus tensiones.

VI. Una forma de poder ayudar a las personas en peligro de suicidio es conocer cómo se sienten en esos momentos. Es común en ellas sentirse terriblemente solas, sin nadie interesado que las entienda. En muchas oportunidades, el aislamiento en que se sumergen les facilita estos sentimientos. Con frecuencia consideran a la vida carente de sentido alguno, suponen que las demás personas se sentirían mejor si ellas no existieran y es preferible estar muertas.

Se sienten pesimistas, creen que nada les ha salido, les sale ni les saldrá bien en sus vidas, que son una calamidad y sus dificultades no tienen solución. No son pocos los desesperados cuyas fantasías suicidas en sus mentes, cada minuto que pasa se hacen más firmes y convincentes. Pero unido a ello sienten también muchos deseos de seguir viviendo si determinados cambios ocurrieran, si se les brindara un poco de ayuda.

Es conveniente eliminar el criterio equivocado de no poder ayudarlos con el simple sentido común, pues ellos sólo necesitan que se les escuche y se les asista. Ante una persona que le confía sus deseos de suicidarse, le sugiero lo siguiente:

•   No se alarme al recibir esta información, pero siempre tómela en serio.

• Estimúlela a que le confíe sus problemas y cómo ellos le hacen sentir.

• Hable usted lo menos posible para que predomine siempre la voz de la persona que sufre.

•   Toque a la persona, pues el contacto piel con piel facilita la comunicación (ejemplo: ligera presión manual del antebrazo mientras le invita a que se desahogue).

•   No se ponga de ejemplo, ni le hable de usted y sus experiencias personales.

• No le dé las soluciones que fueron buenas para usted, pues puede ser que para ella no sirvan en lo absoluto.

• Si no se siente seguro en lo que está haciendo, pida ayuda. No es aconsejable el manejo en solitario de personas con riesgo de suicidio cuando haya inseguridad.

•   Acompáñela hasta que el peligro haya pasado, lo cual puede manifestarse al ser capaz de expresar verbalmente su crítica hacia los pensamientos suicidas cuando mejora su estado de ánimo, y se muestra más relajada, tranquila, cooperadora e interesada por las actividades cotidianas.

• Si el riesgo suicida persiste, lleve al sujeto para que reciba atención psiquiátrica especializada.

• Inténtelo de nuevo cuando cualquier otra persona le confíe sus propósitos suicidas y le saldrá mejor que la primera vez, como a todos los que nos hemos dedicado a la prevención del suicidio.

Esta página queda en blanco intencionalmente

MANEJO DE QUIEN REALIZA UN INTENTO SUICIDA POR VENGANZA O CHANTAJE

El intento suicida por venganza o chantaje, es el realizado por personas con rasgos anormales en su carácter, quienes pretenden, mediante este acto, castigar a otros, ponerlos en evidencia como culpables de su acto suicida y, en el caso de fallecer, hacerlos responsables de su muerte.

Las personas que realizan este tipo de intento suicida han asumido con relativa frecuencia el papel de víctimas en sus relaciones interpersonales o el de manipuladoras de los demás. En la generalidad de los casos, pretenden castigar a alguien muy estrechamente relacionado con ellas, como el padre, la madre, cónyuge, novio, novia, etc., por algo que hizo o no esperaba que hiciera o no lo hizo y ellas querían que se hiciera.

 Casi siempre, el tiempo transcurrido entre el problema o motivo supuesto y la tentativa de suicido, es breve: minutos, horas, raramente días, de manera que la otra persona y con ella los demás, se puedan dar cuenta de la estrecha relación entre lo ocurrido y el acto suicida. A veces pueden dejar notas de despedida o mensajes contradictorios como el que sigue: "No culpen a Fulana de lo que hago, pero desde lo que me hizo no puedo pensar en otra cosa que no sea la muerte"

Propuestas convencionales ante el manejo de la conducta suicida.

1. Es conveniente hacerle saber a esta persona que ningún ser humano es culpable ni puede hacer que otro se suicide: es el propio sujeto que intenta el suicidio quien elige el método y él mismo quien lo lleva a la práctica. Cuando un individuo causa la muerte a otro, ya no es un suicidio, que por definición es matarse a sí mismo, sino un homicidio. En este sentido, se dice que el suicidio es el homicidio de sí mismo.

2. Debe entender que la responsabilidad del intento suicida es del propio sujeto que lo realiza, por no tener un adecuado control de su impulsividad y manejar de manera inadecuada su hostilidad, por no haber aprendido a enfrentar situaciones complejas y elegir mecanismos anormales de afrontamiento.

3. Se debe hacer el análisis de quién castiga a quién con dicho intento. Sin lugar a dudas, la persona a quien se pretende castigar seguirá viviendo, aunque con cierto grado de culpabilidad, mayor cuanto más cercano sea el vínculo afectivo que los unía. Sin embargo, el castigado con más severidad es quien lo intenta, pues en primera instancia puede perder la vida o afectar su salud; puede perder la confianza de sus seres queridos quienes empezarán a tratarlo con miedo, lástima o compasión, pero no como a una persona normal; será el comentario del vecindario, pues pensarán que no está gozando de una buena salud mental.

Hay que hacer énfasis en que el supuesto castigador, a partir de ese momento, tendrá dificultades para conocer por qué se continúan las relaciones con él o ella, si es porque aún existe amor o porque le tienen miedo a sus reacciones, en caso de que se haya tratado de la pareja, uno de los casos más frecuentes. También debe entender cuánto se limitan sus posibilidades futuras de estabilidad afectiva y de encontrar una pareja normal, pues es difícil mantener vínculos duraderos con quien haya intentado el suicidio para vengarse de un ser querido.

4. Hay que invitarlo a que modifique su manera anormal de querer, pues es un grave error creer aquello de "quien bien te quiere te hará llorar"; cuando realmente se quiere no se chantajea al ser amado ni se hace objeto de venganza alguna o manipulación.

5. Necesita comprender lo imprescindible de modificar la forma de ser y hacer, es decir, el comportamiento, si es que pretende ser una persona lo más equilibrada posible. Y una de las características de ésta es que no se autoagrede para culpar a otros de lo que hace contra sí mismo.

6. El sujeto es el único responsable de su vida y también de su muerte, y en esa muerte por suicidio, el papel   principal será desempeñado por su propia manera de ser, por ninguna otra persona y hay que hacerle comprender esto.

7. Se debe enfatizar con él en la necesidad de establecer diferencias entre el motivo de algún hecho y su causa. El motivo de un intento suicida por venganza o chantaje puede ser cualquiera, un disgusto, la ruptura de una relación, una frustración, etc. Pero la causa de esta conducta anómala es el propio sujeto, con su forma anormal de manejar situaciones.

8. Por último, es preciso invitarlo a que haga utilización de la parte buena, adulta y responsable de su personalidad, que seguramente impedirá la realización de actos de este tipo, muestra evidente, sin lugar a dudas, de rasgos inmaduros del carácter.

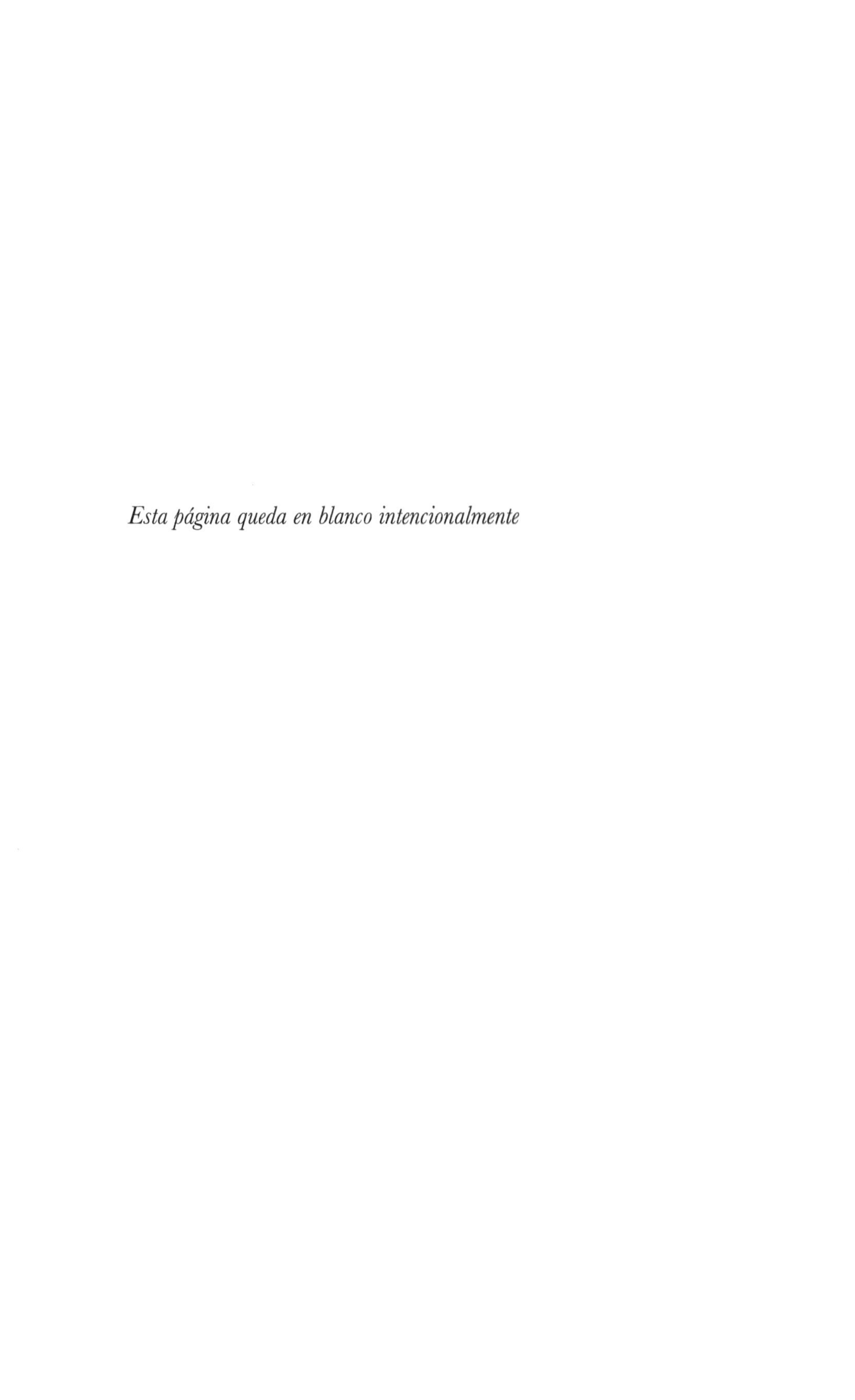

Esta página queda en blanco intencionalmente

MANEJO DE QUIEN REALIZA UN INTENTO SUICIDA POR MIEDO

Este tipo de intento de suicidio lo realizan quienes tratan de evitar una situación muy temida, de ahí la importancia de definir de qué se trata. Hay momentos que generan temores diversos en la generalidad de los seres humanos, como son las guerras, las epidemias, las hambrunas, las catástrofes naturales. Algunos, sólo lo generan en determinadas personas, no así en otras, por tratarse de circunstancias que habitualmente no producen este tipo de emoción. Son las llamadas fobias, temores irracionales a dificultades, objetos o animales y múltiples cosas en dependencia de su ori gen.

Existen otras contrariedades muy temidas, no por la situación en sí misma, sino por las consecuencias derivadas de ella en ciertos contextos culturales. Pongamos por ejemplo el caso de una adolescente en un hogar, educada con rígidos principios morales entre los que la virginidad es la principal divisa de la honra, y perderla significa ser una deshonra para ella y la familia.

Supongamos que esta adolescente, por amor, curiosidad, embullo, o cualquier otra razón válida para sí en ese momento, tiene relaciones sexuales con su novio, ese temor a enfrentarse a las consecuencias de su acto, puede llevarla a realizar un intento de suicidio para evitar la cólera paterna o materna, los regaños de los familiares, las habladurías y los comentarios, etcétera. En estos casos, los familiares reaccionan con una gama de efectos entremezclados, que pueden ir desde el enojo, hasta la agresividad física, por sentir que la adolescente le s ha humillado ante todos.

<u>En circunstancias de este tipo, sugiero realizar el siguiente manejo:</u>

1. Hay que hacerles comprender a los padres lo limitado de su criterio de una hija buena y honrada, pues una buena hija lo es porque es estudiosa, sociable, bondadosa, sacrificada, cariñosa, respetuosa, veraz, puntual, y toda una serie de cualidades personales que seguro su hija tiene y ellos no se han detenido a valorar, pucs sólo les interesa si es o no virgen.

2. Por la rigidez antes descrita, que ha desempeñado el papel de muro separador, existen dificultades en la comunicación padres-hija, e impidió que la adolescente comunicara lo ocurrido y optara por intentar el suicidio.

3. Ha existido una deficiente educación sexual en la adolescente y en los padres, lo cual favoreció la relación sexual prematrimonial en esta etapa de la vida.

4. La adolescente debe entender que las situaciones muy temidas lo son para todos los seres humanos por igual y el resto se puede calificar como muy importante, importante y poco importante, y ayudarla a clasificar la suya según este nuevo criterio, que excluye el miedo.

5. Los familiares y el adolescente deben saber que debe darse a cada problema su justo valor. Ni sobrevalorarlo ni subvalorarlo, y es aconsejable ponerlo en cono cimiento de otros no inmersos en él y que pueden tener una visión más realista del mismo. Para ello se puede utilizar el médico de la familia, el psicólogo, el psiquiatra, el sacerdote o pastor, un buen amigo, etc.

6. Debe llegarles el mensaje de que en momentos importantes como el referido, es cuando se demuestra ser padre o madre para su hija, pues es preferible tener una hija que no sea virgen que tener una hija muerta o sobreviviente de una tentativa de suicidio.

7. La adolescente debe entender que en momentos importantes se demuestra a los padres que se es hija al confiar en ellos. Al principio no reaccionarán como se espera, pero si sigue su vida como siempre, cumple con sus obligaciones, les da un tiempo para la reflexión, todo volverá a la normalidad.

8. La familia debe analizar que los problemas surgidos en su seno, no necesariamente son para crear el caos, la desorganización. Muchas veces las crisis en la familia contribuyen al crecimiento individual de sus integrantes desde el punto de vista emocional y ello se traduce en lazos más sólidos y realistas. En esta nueva dimensión se instará a que funcione la familia que se pretende ayudar.

Por último, existen múltiples situaciones generadoras de actos suicidas, pero todas tendrán como denominador común la intolerancia, el miedo unilateral motivado por factores culturales, que a pesar nuestro y suyo, aún persisten.

MANEJO DE QUIEN REALIZA UN INTENTO SUICIDA POR DESESPERACIÓN

El intento suicida por desesperación ocurre en el curso de circunstancias con gran repercusión emocional en individuos con poca tolerancia a las frustraciones; más frecuentemente después de desengaños amorosos, aunque no es privativo de ellos ni tampoco son las únicas en que se puede presentar.

Para el manejo de este tipo de intento de suicido primero se hacen las siguientes preguntas al sujeto en cuestión:

• ¿Siempre todo nos tiene que salir bien en la vida?

• ¿Las cosas siempre tienen que salirnos como las pensamos y deseamos?

• ¿Los seres humanos estamos vacunados contra los fracasos, las decepciones, los desengaños?

• ¿Los desengaños, las frustraciones y cuantos problemas nos ocurren, son para que nos suicidemos o para que los enfrentemos, suframos y les demos solución, si la tienen y continuemos viviendo con esa experiencia ganada?

Acto seguido sería de mucha utilidad reflexionar con el individuo:

1. No todo en la vida tiene que salir bien y eso no constituye una tragedia. Él es quien la hace, porque no le salió de la forma deseada y porque aún no ha aprendido a enfrentar situaciones adversas. Una persona que desee ser equilibrada tiene que ser capaz de reconocer sus equívocos, de desprenderse de posesiones valiosas o renunciar a algo cuando las circunstancias lo requieran.

2. Él no es el único que ha sufrido los fracasos amorosos, las frustraciones, los desengaños, la pérdida de seres queridos, en fin, los diversos problemas que ocurren, porque forman parte, precisamente, de eso que se llama VIDA y hay que VIVIR, aunque sean dolorosos y muy frecuentes.

3. Ningún ser humano está inmunizado contra el fracaso. Existen vacunas para múltiples enfermedades infecciosas y nuestro país está en una posición de avanzada en este campo de la medicina, pero no existe ni será creada una vacuna antidisgusto, antifracaso, antiproblema. Nunca se diga "Yo no me puedo disgustar", "Yo no me puedo molestar", cuando para ser justos debiera decirse "Yo no he aprendido a disgustarme", "Yo no he aprendido a molestarme". En efecto, hay quienes desde épocas tempranas de sus vidas siempre fueron complacidos en todos sus caprichos por parte de sus seres queridos y siendo adultos, creen firmemente que el resto de las personas que no son sus familiares, están obligadas a complacerlos como lo hacían ellos. Y eso la mayoría de las veces no ocurrirá, y ocasionará en el sujeto la confrontación inesperada y el consiguiente malestar.

Para lograr ser equilibrado debe evitar molestarse innecesariamente, evitar los disgustos porque los tiene en cuenta y los previene; pero no rehuirlos tampoco si se presentan, pues en el transcurso de la vida debe aprender a enfrentarlos.

4. Los fracasos, los desengaños amorosos, hacen que las personas se sientan anímicamente mal, frustradas, desilusionadas, pesimistas, irritables o cualquier otro tipo de estado psíquico no usual, pero tampoco anormal, pues es la respuesta lógica a un acontecimiento doloroso y desagradable que les ha ocurrido.

Si se desea ser equilibrado, sufrirá su malestar pero continuará haciendo, quizás con menos eficacia y creatividad, lo que realizaba antes del sufrimiento: trabajar, criar los hijos, estudiar, etc. Puede pedir consejos a su médico de familia, psicólogo, psiquiatra, sacerdote o pastor o simplemente a una persona en quien confíe. Todo eso es normal.

Ahora, si desea complicar su propia vida, hará justo lo contrario: al no soportar estar sufriendo, comenzará a dejar de hacer las cosas que le pueden ayudar a disminuir dicho sufrimiento. Comenzará entonces a desatender el trabajo, los hijos, la familia, encerrándose en sí mismo.

No buscará ayuda médica y si la busca no cumplirá cabalmente las indicaciones terapéuticas, tampoco confiará sus problemas a otros que pudieran socorrerle, y es en esos momentos de soledad más aparente que real cuando ocurren estos actos suicidas.

5. Es fundamental que sufra su dolor y trate de seguir funcionando lo más normal posible, aprendiendo de todo lo ocurrido y tratando de preguntarse cuál ha sido su participación para evitar incurrir en errores similares en el futuro. Si desea ser equilibrado, debe ser capaz de darse cuenta cuándo ha dejado de significar para alguien lo que significaba antes. Eso siempre es triste y doloroso, pero no es el fin del mundo. Seguimos siendo lo que somos pero sin esa criatura.

Una persona que desee complicarse la vida pensará que todo lo hizo bien, a la perfección, que el otro es el culpable, que con ella jugaron, fue engañada, manipulada, utilizada y sin ese otro ser y el conflicto al que limita su mundo, se le acabará todo. Los hijos, la familia, los estudios, el trabajo, las amistades, no forman, para ella, parte de su mundo y debe recordársele que sí lo son.

6. Hay que ayudarla a encontrar otras alternativas que no sea el suicidio a la hora de enfrentarse a situaciones dolorosas, pues es una solución definitiva a malestares que son temporales.

Esta página queda en blanco intencionalmente

MANEJO DE LA FAMILIA DE UN SUICIDA

A partir de determinada edad, que oscila entre los siete y los diez años aproximadamente, todos los seres humanos normales saben que tienen que morir. Sin embargo, a pesar de eso, la muerte siempre afecta, en mayor o menor medida, a los que continúan viviendo, y por ello cobra mayor importancia la forma en que se muere, y sobre todo si esa muerte es por suicidio, violenta e inesperada en la mayoría de las veces.

Al respecto, se ha señalado "la persona que se suicida pone su esqueleto psicológico en el armario emocional de los sobrevivientes que tienen que tratar con sentimientos negativos, pensamientos sobre su posible participación en el suicidio o lo que dejaron de hacer para evitarlo".

La causa de muerte que genera mayor culpabilidad, hostilidad y estigmatización es el suicidio. Por tanto, al enfrentar a la familia del suicida, lo primero es:

• Tener en cuenta el grado de shock y qué recursos inmediatos están a la disposición de la familia para su apoyo emocional.

• Detectar los sentimientos de culpa y responsabilidad por lo ocurrido.

• Detectar posibles pensamientos suicidas, amenazas y otras conductas afines entre los familiares del occiso.

• Ayudar a la familia a reconocer que el suicidio estuvo relacionado con la posible enfermedad del individuo y no con una falla de ellos, pues está comprobado que los familiares de los suicidas están en peligro de tener un comportamiento similar por diversos mecanismos, entre los que la imitación desempeña su papel.

Es conveniente considerar que la clásica reacción de duelo, en el caso de los familiares del suicida, es catastrófica por sus manifestaciones.

En la fase primera de shock, la marcada tristeza es evidente entre los familiares que tenían una relación más estrecha con el suicida, y coexiste con síntomas físicos, como salto de estómago, dolores precordiales, hipersensibilidad a los ruidos, sentimientos de irrealidad, falta de aire, pérdida de energía, trastornos del apetito y del sueño. A la fase de shock le continúa una fase de rabia, la cual puede dirigirse en contra de todos, de los médicos que atendieron al individuo, el propio sujeto, el suicida, Dios, etcétera.

A esta fase le sigue la de culpabilidad, en la cual es notoria la angustia por no haber previsto el desenlace, los anhelos no satisfechos del suicida, las diferencias no resueltas en las relaciones con el difunto, posibles motivos que contribuyeron al desenlace fatal, pensamientos repetitivos y recuerdos del fallecido. Por último, la fase de reorganización permite a los sobrevivientes reorientar sus energías psíquicas a nuevas motivaciones si el duelo es resuelto de forma satisfactoria.

Algunos afirman reconocer las fases del duelo y no actuar de manera inmediata. En mi experiencia, sustentada en una efectiva relación médico-paciente-familia, comienzo las acciones de salud en el propio funeral, limitándome en esos momentos a permitir las manifestaciones de dolor y pena e, incluso, estimularlas en aquellos familiares que tratan de mantener un control excesivo sobre sus emociones, velando siempre por llevar la voz de la razón donde predomina la voz de los afectos. En este momento se le brinda el mayor apoyo emocional a quienes estaban afectivamente más vinculados al suicida.

En los días que siguen se trabajará con la familia en establecer diferencias entre las muertes esperadas y las no esperadas como el suicidio, con la finalidad de que comprendan cuán devastador resulta este tipo de muerte para los sobrevivientes, y se trata de evitar que los mismos hagan pasar a los demás por la experiencia traumática que ellos están viviendo. Otro aspecto importante es establecer lo que he denominado "priorizar" el duelo, es decir, establecer una jerarquía de dolientes, y precaver la usurpación del dolor por otros familiares que no son los más afectados, pero por determinadas características de personalidad, se comportan como si fueran los que más sufren. Este procedimiento no se debe aplicar si no se tiene una sólida relación con los familiares y un profundo conocimiento de los vínculos entre ellos y con el occiso, para lograr de esta manera la solidaridad del resto de la familia y se brinde apoyo emocional al "doliente priorizado", sin que los otros sientan minimizados sus sentimientos, e incrementar sus actitudes altruistas.

En cuanto a la culpabilidad que con frecuencia sienten los sobrevivientes a un suicida, es posible manejarla en dependencia del grado de responsabilidad que sobre su vida pudo tener el fallecido. Así, si el suicidio fue realizado por un sujeto sin responsabilidad alguna sobre su vida en esos momentos o sólo la tenía parcialmente, le hacemos entender a los familiares que:

• La culpa es una fase habitual por la que todos pasamos cuando muere un ser querido, con independencia de la causa que la origine; ésta dura cierto tiempo en el cual el individuo se cuestiona constantemente qué hizo o qué dejó de hacer para que los hechos ocurrieran. Eso es muy normal.

• Hay enfermedades, como la padecida por esa persona, en las que el suicidio, aunque ocurrió en ese determinado momento, pudo haber ocurrido mucho antes y si no sucedió así, en eso mucho tuvo que ver los cuidados y las atenciones brindadas por la familia. El suicidio en esas enfermedades es como la fiebre en la amigdalitis, siempre está presente y no es fácil de evitar cuando la persona no tiene poca o ninguna responsabilidad sobre su vida.

• El propio suicida no hubiera deseado padecer la enfermedad que lo llevó al suicidio, ni la familia, ni el médico, ni el psicólogo, ni el psiquiatra. Si el suicida tuvo plena responsabilidad sobre su vida, se le hace comprender a la familia lo siguiente:

• Las personas, cuando tienen determinada forma de ser, o ciertos rasgos en su carácter, se convierten en sus propios enemigos más peligrosos.

• Se interroga al familiar: ¿Cómo usted podía evitar esto?, y por lo general responde con aquellas ideas que reflejan la culpabilidad por lo sucedido, esto es, lo que no hizo o hizo mal. Se le escucha atentamente y se le pregunta entonces: ¿Durante qué tiempo usted iba a poder evitar lo ocurrido? Es posible que responda con un plazo, tras lo cual se   debe indagar: Y después, ¿cómo iba a evitar el suicidio si él seguía siendo de esa manera y no tenía interés en cambiar?

Si aún no ha comprendido el mensaje que se le quiere dar de no sentir culpabilidad por lo ocurrido, se razona como sigue: ¿Qué culpa tiene mi madre si ahora, cuando yo termine de hablar con usted, intento el suicidio? ¿No se da cuenta de que soy un adulto, hago lo que deseo y nadie lo puede impedir?

Para hacerlo, tendría mi madre que encadenarse a mí, dormir conmigo, bañarse conmigo, salir conmigo, y eso es imposible. Suponiendo que se pudiera hacer todo eso por un tiempo, la vida no tendría ninguna calidad para ella ni tampoco para mí. Por otra parte, si deja de estar encadenada a mí yo puedo intentar el suicidio, por lo que tendría que pasarse toda su vida de esa manera, lo cual es un absurdo.

En seguida otra interrogación: ¿Quién le cuida a usted y a mí para que no nos suicidemos? Obviamente, ninguna persona tiene que hacerse responsable de la vida de otra, si no se trata de un niño, un enfermo mental grave sin capacidad para discernir entre lo bueno y lo malo, un demente que ha perdido su total entendimiento o un retrasado mental grave que nunca lo ha tenido.

Un último recurso puede ser preguntar al familiar si él le inculcó la idea del suicidio, si le facilitó los medios para llevarlo a cabo, las cuales seguramente serán respondidas de manera negativa. Acto seguido se le asegura el conocimiento de todo lo hecho por él para modificar su manera de ser, cuántos consejos le dio y todo lo sufrido por ese carácter del difunto.

Más difícil se hace el manejo cuando la culpa se basa en hechos reales, como por ejemplo, que haya familiares con intento suicida previo al del ser querido. En casos como esos no es prudente intentar eliminar toda la culpabilidad, pues eso puede ser percibido como un engaño o que se le trata de consolar sin las razones suficientes para ello. Es conveniente conocer lo siguiente en relación con este fenómeno:

• El efecto imitativo de la conducta suicida está reconocido. En 1841, Willian Farr sentenció: "No hay un hecho mejor establecido que el efecto imitativo en la conducta suicida". En nuestros días, este efecto está relacionado con el manejo que hacen del tema los medios masivos de difusión y las noticias sensacionalistas sobre el suicidio. Los antecedentes familiares de esta conducta siempre se citan como un factor de riesgo y restarle o negar su importancia sabiendo lo anterior, pondría al descubierto su falta de autenticidad ante la persona en crisis, la cual tiene una sensibilidad especial para detectar cuando se le brinda una información distorsionada.

• Este tipo de persona del cual estamos hablando, necesita sentirse culpable, pero no totalmente. Él tolera una parte de la culpabilidad que le pertenece y agradece que se le permita cargar con ella y continuar viviendo con dignidad.

Teniendo en cuenta estos dos aspectos mencionados, le haremos la siguiente observación: "Usted, es cierto, había intentado contra su vida y eso como es lógico lo hace sentir culpable del suicidio de su familiar y yo considero que ese antecedente pudo haber influido. Pero si se detiene a reflexionar, él tenía unas características en su forma de ser muy diferentes a las suyas.

¿De quién las aprendió? No sabemos. De igual manera que no podemos determinar de quien aprendió esas cosas, tampoco se puede decir que no quererse la vida lo aprendió de usted, única y exclusivamente.

Pero, además, usted se da cuenta cuando otra persona está haciendo algo mal hecho y no lo imita a ciegas por el mero hecho de presenciarlo o de saber que ocurrió. En otras palabras, si se conoce lo que es bueno, regular y malo, no tiene porqué imitar esto último a menos que lo desee, porque nadie está obligado fatalmente a imitar lo malo cuando puede tratar de imitar lo bueno.

¿Cómo veo las cosas, entonces? Para mí usted hace un tiempo hizo algo que no estuvo correcto lo cual tal vez influyó de alguna manera en lo sucedido con su ser querido, pero eso no constituye la causa del suicidio, pues este tipo de conducta se ocasiona debido a la conjunción de múltiples factores y nunca uno solo de ellos. En este caso en particular, el mayor peso lo constituyeron sus rasgos anormales de carácter, que no sólo le ocasionaron la muerte sino que antes lo llevó a tener dificultades en su escuela, el matrimonio, con los amigos, en el trabajo, etc".

Una vez asistido el familiar del suicida con antecedentes de igual tentativa, es útil tomar determinadas medidas de carácter general que faciliten la elaboración del duelo y, por tanto, su evolución dentro de límites normales. Estas medidas son:

• Retirar fotos del fallecido de los lugares donde con frecuencia se reúne la familia. Cuando el duelo se haya resuelto, se puede colocar alguna donde se estime, pues ya no se recordará con la intensidad afectiva de los primeros días. Mientras, es mejor tener algún lugar para ir expresamente a eso y no donde se encuentre la imagen con solo pasar.

•   No llevar fotos del fallecido consigo (billeteras, monederos, documentos de identificación, medallas, etc.).

• Retirar sus objetos personales guardándolos en un lugar seguro, pero no visibles a simple vista.

• Modificar la habitación del fallecido o el lugar donde permanecía.

• No asistir con frecuencia al cementerio.

• Seguir vistiéndose como siempre lo ha hecho. Si hay tradición de llevar luto no tratar de impedirlo.

• Permitir que los niños continúen viviendo su rutina cotidiana, esto es, jueguen, vean los programas infantiles en la televisión, etcétera.

• No olvidar que el adolescente tiene su propia manera de experimentar su aflicción por lo ocurrido y no tiene que manifestarse de su misma forma. Aunque se le vea riendo en determinados momentos, él sufre tanto como usted, no lo olvide.

• Es conveniente hablar con los menores sobre lo ocurrido, y relacionar siempre el suicidio con la locura (aunque no sea cierto), pues esta asociación puede disminuir la posibilidad de imitación, "el loco es el que se suicida y yo no lo estoy, por tanto, yo no me suicido".

Formas de manejo de la conducta suicida en el área de la salud.

El enfoque de salud pública cuenta con estrategias para la prevención del suicidio:

- Realizar campañas de salud mental, pesquisa en los colegios, diagnóstico precoz del abuso de drogas, de la depresión y del estrés.
- Realizar programas específicos de prevención del suicidio y evitar la estigmatización de la conducta suicida.

- Controlar el acceso a los medios para cometer suicidio. Existe evidencia que el control de la posesión de armas disminuye la tasa de suicidio, así como el control del uso de medicamentos y pesticidas. Otras medidas pueden incluir el cercado de puentes de gran altura y de ventanas en edificios altos.

Apoyo a los medios de comunicación para que la información se adecue a la prevención: Formación de periodistas en el manejo de la información sobre la conducta suicida, ya que los medios de comunicación pueden jugar un papel proactivo en ayuda a prevenir el suicidio.

La prevención del acto suicida comprende una serie de actividades que van desde la provisión de las mejores condiciones posibles para la educación de niños y jóvenes, el tratamiento eficaz de las enfermedades mentales y el control de los factores de riesgo.

Es esencial para ayudar a las personas con conducta suicida a salir de la crisis, y a no pensar más en el suicidio como solución el trabajo sistemático del equipo de salud por la elevada representatividad de profesionales a ese nivel, al estar en capacidad para modificar actitudes, comportamientos, cambiar la percepción de los estímulos del medio y modificar así las cogniciones disfuncionales que tienen tan importante papel en los mecanismos psicológicos del suicidio. [20]

PROPUESTAS TERAPÉUTICAS PARA LA CONDUCTA SUICIDA.

 En todos los momentos en los que se estudia y trata a la conducta suicida y sus distintas manifestaciones clínicas algunos autores tratan de plantearse programas de intervención, estos sin logros definidos o estandarizados que permiten palear este fenómeno y reducir su incidencia y prevalencia en la población mundial.

Existen protocolos que sólo permiten hacer una descripción y caracterización de la conducta suicida para definir un diagnostico. No así para tratar desde la clínica psicoterapéutica sus manifestaciones ni para prevenir su repetitividad. [18]

Según *Vicente Martín Pérez* en su propuesta "Conducta suicida. Protocolo de intervención" expone que: El entrenamiento del psicólogo de emergencias en habilidades de evaluación in situ, en habilidades sociales, en escucha activa, en el establecimiento de empatía, en manejo y contención emocional, en estrategias de negociación. [53]

En definitiva habilidades de conexión emocional y cognitiva, aumenta la probabilidad de modificar las respuestas fisiológicas y cognitivas, al variar estos antecedentes, cambian las operantes del suicida a favor de la vida.

Esta investigación deja a medias las intenciones de tratar desde una perspectiva psicoterapéutica al fenómeno conducta suicida. Las carencias objetivas de un posicionamiento teórico que permita conocer técnicas, recursos y objetivos que aporten conclusiones a favor del manejo adecuado de esta conducta sin que habilite al sujeto a dejar de manifestar las expresiones clínicas o una maduración personológica que prevenga una ulterior recaída. [11]

Es pertinente señalar la necesidad de diseñar metodologías desde una fundamentación psicoterapéutica, que con un carácter científico, demuestre la supresión sintomatológica asociada, una adecuada modificación del comportamiento hacia la conducta suicida y por consiguiente la estructuración personológica que permita la apropiada elaboración de situaciones frustrantes o conflictivas que desencadenen en algunos sujetos la autolesión como respuesta.

En Cuba existe un programa que expone una metodología de actuación en el Sistema Nacional de Salud Pública para la prevención, control y seguimiento de la conducta suicida. El esquema metodológico carece de la exposición explícita de los recursos en el orden Psicoterapéutico para el adecuado tratamiento de esta conducta.

La explicación de pautas diagnósticas que estratifican la conducta suicida sólo permite conocerla y no dar solución oportuna en una perspectiva psicoterapéutica. La literatura científica actual demuestra un vacío en este sentido lo que condiciona que en los servicios de salud no se tengan los recursos psicoterapéuticos estructurados para el manejo de este fenómeno. [3, 7, 9]

Esta página queda en blanco intencionalmente

HIPNOSIS: CONCEPTOS Y APLICACIONES PRÁCTICAS.

Definiciones de Hipnosis como estado:

Según la Asociación Americana de Psicología (APA) en 2014, El Comité Ejecutivo la División 30 preparó las siguientes definiciones oficiales relacionadas con la hipnosis:

Hipnosis: un estado de conciencia que implica la atención focalizada y conciencia periférica reducida, caracterizado por una mayor capacidad de respuesta a la sugestión.

Inducción hipnótica: procedimiento diseñado para inducir la hipnosis.

Hipnotizabilidad: La capacidad de un individuo para experimentar alteraciones sugeridas en fisiología, sensaciones, emociones, pensamientos o comportamiento durante la hipnosis.

Hipnoterapia: El uso de la hipnosis en el tratamiento de un trastorno o preocupación médica o psicológica.[10, 58]

Si bien hay variaciones sustanciales en la comprensión teórica de estos fenómenos, las definiciones anteriores se crearon con el interés de simplificar la comunicación acerca de los fenómenos y procedimientos hipnóticos, dentro y entre los campos de la investigación y la práctica, y, así mismo, intencionalmente, y en gran medida, son ateóricas.

Según *Cobián Mena Alberto E.1997.* "La hipnosis es un estado especial donde es posible a través de la palabra u otro estímulo, siempre potencializado por ella y de modo repetitivo, crear un estado especial en la mente humana que reduce a la mínima expresión los procesos volitivos y permite la manifestación plena de potencialidades cerebrales que en estado de vigilia y por mecanismos neurofisiológicos defensivos no se manifiesta de manera activa."[12, 13]

Según *Rodríguez Sánchez Pedro Manuel, 2011. La hipnosis es:* "Modalidad de la conciencia en vigilia, en la que predomina la focalización de la atención y que es un estado potencialmente susceptible de desarrollarse en todos los seres humanos por la influencia técnicamente diseñada de la palabra, los gestos, los símbolos y las expectativas mediante un proceso de condicionamiento, que produce, mantiene y evoca un tipo especial de excitación de la corteza cerebral de la persona que los recibe, y ello permite que se arribe a un modo de funcionamiento temporal más subconsciente del cerebro, en el que cambian esencialmente las características de las funciones motoras, vegetativas, sensoriales, del pensamiento, de la conducta, y la actividad eléctrica cerebral, lo que se manifiesta neurofisiológicamente de forma demostrable y muy característica. Este proceso tiene una inducción eminentemente psicológica, técnicamente diseñada e intencionalmente estructurada en el discurso del especialista, lo cual produce en el receptor respuestas objetivas y regulares no observadas en otros estados de la conciencia, que caracterizan inobjetablemente a la hipnosis en sus distintas etapas de profundidad." [14]

Modelo teórico de la génesis, naturaleza y mantenimiento del proceso hipnótico.

Génesis:

El proceso hipnótico se genera por el efecto del contenido y el ritmo de las sugestiones en el proceso de comunicación con el paciente con todos los procesos psicológicos que tienen lugar en ella, la palabra actúa como un estímulo que se condiciona durante la inducción hipnótica, provoca

cambios neurofisiológicos temporales que dan lugar a una modalidad de la conciencia en vigilia con características propias, que hemos denominado:

Modo de funcionamiento subconsciente del cerebro en estado hipnótico. El proceso de condicionamiento en las etapas iniciales seguiría las conocidas regularidades de dicho proceso en vigilia habitual, pero, postulamos que a partir de la etapa media, este proceso tendría lugar bajo los cambios neurofisiológicos que se van instaurando y que le darían características sui géneris.

Evocación:

La comunicación, los procesos psicológicos, las sugestiones, los gestos, la palabra como estímulos ya condicionados, se constituyen en pistas que quedan ancladas al estado alcanzado y pueden reinducirlo fácilmente en ulteriores ocasiones sin tener que atravesar de nuevo por las etapas iniciales del proceso.

Mantenimiento:

Mientras más inducciones se realicen, más se potencia el condicionamiento del estado alcanzado. (Principio del reforzamiento) La comunicación mantiene la modalidad de conciencia alcanzada, pero esta tiene autonomía e independencia de la palabra, por lo que puede sostenerse temporalmente en las etapas profundas sin la comunicación si las sugestiones así lo indican.

Temporalidad: La modalidad de consciencia a que se arriba es fácilmente reversible a vigilia habitual por sugestiones o de forma espontánea al transcurrir el tiempo.

Divisiones del Sistema Nervioso en el que se observan fenómenos objetivos de la hipnosis en el ser humano.

- En los sistemas sensoriales.
- En el sistema motor.
- En el sistema vegetativo.
- En el sistema nervioso superior.

Características que permiten sustentar el concepto de hipnosis como modalidad del estado de conciencia en vigilia:

- En la conducta y el electroencefalograma (EEG).
- Regularidad de los fenómenos hipnóticos.
- Repetitividad de los fenómenos hipnóticos.
- Similitud de los fenómenos hipnóticos entre sujetos aleatoriamente seleccionados, sin experiencia ni referencia previa del proceso hipnótico.
- Temporalidad del estado.
- Bases neurofisiológicas: vegetativas, conductuales y bioeléctricas.[15, 16, 62]

Propuesta de definición para la hipnosis como técnica psicoterapéutica.

Para la presente investigación se entiende como hipnosis a propuesta del autor; sin ser un concepto o definición en sí, sino una construcción del conocimiento que permite estructurar a la Hipnosis en el contexto clínico como herramienta psicoterapéutica de la siguiente manera:

"La hipnosis terapéutica es un método que condiciona un estado específico de conciencia el cual se entiende como modalidad del estado de vigilia, posible a través de la palabra u otro estímulo, siempre potencializado por ella de <u>modo creativo y repetitivo</u>, crea un estado especial en la mente humana que <u>intenciona la expresión los procesos volitivos</u> y permite la manifestación plena de potencialidades cerebrales que en otros estados son imposibles y por mecanismos neurofisiológicos defensivos no se manifiestan de manera activa, lo que es <u>improbable sin la voluntad del sujeto que experimenta</u>, haciéndose dependiente del mismo, el nivel de profundidad alcanzada y las expresiones positivas en salud mente-cuerpo". [17, 18, 59]

Esta construcción que pretende definir para la investigación a la hipnosis como modalidad psicoterapéutica es sin dudas el acercamiento más

acertado como propuesta a intervenir en la conducta
suicida.

La creatividad y repetitividad que se señala condiciona
que el estado hipnótico sea estable en el tiempo así
como la profundidad alcanzada. Donde la expresión
intencionada de los procesos volitivos permite al
terapeuta hacer un uso ético y adecuado de cada
momento del tratamiento según objetivos definidos
para el mismo.
La voluntad de cada sujeto de investigación es
fundamental para el cumplimiento de los objetivos a
plantear en cada momento de la investigación. Es
preciso señalar que aun cuando el terapeuta ostenta un
alto nivel de experticia en el uso de la técnica
hipnótica, depende de la voluntad del paciente en un
primer momento de la inducción para el logro de la
misma en sus diferentes niveles de profundidad así
como de los beneficios en terapia.

<u>La hipnosis terapéutica y el tratamiento de la ansiedad
y depresión como alteraciones asociadas a la conducta
suicida:</u>
La hipnosis es una herramienta eficaz en el tratamiento
de los trastornos de ansiedad y depresivos, porque
permite conseguir rápidamente profundos estados de
calma y bienestar que reducen la sensación de ansiedad

y proporcionan alivio inmediato sin posibilidad a la alteración de los tiempos psicológicos pasado y futuro. [11-13]

Se han realizado estudios donde los autores compararon una intervención cognitivo-conductual que incluía reestructuración cognitiva y exposición in vivo para la ansiedad de hablar en público, con un tratamiento equivalente en el que la relajación fue sustituida por una inducción hipnótica con sugestiones. La hipnosis demostró que al utilizarse como coadyuvante de la terapia cognitivo-conductual presenta una eficacia superior a otras modalidades. [52, 53, 60, 61]

Con la hipnosis se puede trabajar más directamente con las emociones, con esa parte inconsciente de la mente, y así facilitar la modificación de aquellas reacciones exageradas de miedo, preocupación, angustia, tristeza. Que están asociadas a situaciones o estímulos concretos o bien a contextos más generales o indeterminados, o incluso no conscientes, como puede ser el caso de una ansiedad generalizada o algunos tipos de ataques de pánico o reacciones depresivas especificas.[60, 61]

CONCEPTOS Y DEFINICIONES CLAVES.

 Protocolo: Según el Diccionario de la Real Academia Española:

"Secuencia detallada de un proceso de actuación científica, técnica, médica, etc."

Hipnosis: Del ingl. *hypnosis,* y este del gr. ὑπνοῦν *hypnoún* 'adormecer' y *-sis* '-sis'.

1. f. Estado producido por hipnotismo.

Definición: Proposición que expone con claridad y exactitud los caracteres genéricos y diferenciales de algo material o inmaterial.

Concepto: Idea que concibe o forma el entendimiento.

Determinación de variables para el estudio:

Como variable dependiente a la Conducta Suicida donde la ansiedad, depresión y autoestima se manifiestan como estados emocionales alterados asociados a la misma y se evaluaron mediante el Inventario de ansiedad como rasgo-estado, Inventario de depresión como rasgo-estado, Inventario de autoestima de Coopersmith, entrevista semiestructurada y la observación.

La variable independiente: El protocolo diseñado mediante la hipnosis como método psicoterapéutico. Se integraron elementos de la Terapia Racional Emotiva Conductual, Terapia Breve Centrada en las Soluciones y la Psicoterapia Transpersonal de la Expresión Emotiva y la Imaginería. Los recursos terapéuticos fundamentales propuestos fueron la regresión, progresión, metáforas de protección y cambio, imaginería, autoscopía e hipnobiodramaturgia.

Técnicas y Procedimientos:

La investigación constó con tres etapas:

Etapa Diagnóstica.

Durante esta etapa se visitó a las personas seleccionadas donde se le pidió el consentimiento informado, quedó plasmada su conformidad para la participación en todas las actividades de la investigación, y se aplicó una batería de pruebas psicológicas específicas para medir las manifestaciones asociadas a la conducta suicida: ansiedad y depresión así como la autoestima.

Etapa de Intervención.

Una vez finalizada la etapa precedente, se procedió a la aplicación del protocolo diseñado para el tratamiento de la conducta suicida en la adolescencia basado en la aplicación de la hipnosis.

Etapa Evaluativa.

A los dos meses de terminadas las sesiones se aplicó la misma batería de pruebas para medir la variable dependiente y las alteraciones asociadas. En ambas mediciones (etapa diagnóstica y evaluativa) se realizó la medición a doble ciego. El método de doble ciego es una herramienta del método científico que se usa para prevenir que los resultados de una investigación puedan estar influidos por el efecto placebo o por el sesgo del observador.

Técnicas de recolección, procesamiento y análisis de la información.

La información recopilada a través de lastécnicas que se aplicaron antes y después de la intervención se procesó en forma computarizada con el uso de la prueba estadística McNemar. Los datos se procesaron en microcomputadora mediante el programa Excel para Windows, Los resultados se expresaron en texto y cuadros.

Descripción de las técnicas y test utilizados.

-Inventario de Ansiedad Rasgo-estado (IDARE): Autores: C. D. Spielberger, R. L. Gorsuch, R. E. Lushene. Descripción: El IDARE es un inventario autoevaluativo, diseñado para evaluar dos formas relativamente independientes de la ansiedad: la ansiedad como estado (condición emocional transitoria) y la ansiedad como rasgo (propensión ansiosa relativamente estable), autoaplicada. Cada una de ellas tiene 20 ítems. En el IDARE, hay 10 ítems positivos de ansiedad (o sea, que a mayor puntuación mayor ansiedad) y 10 ítems negativos. En la escala rasgo hay 13 ítems positivos y 7 negativos. La forma de respuesta va de 0 a 4 en ambas subescalas.

En la Escala de Estado, se le orienta al sujeto que debe responder cómo se siente en el momento actual en relación a los ítems formulados, y cómo se siente generalmente en relación a los ítems de la Escala de ansiedad como rasgo. Existen diferentes versiones al español de la prueba, siendo una de las más utilizadas la de Ch. Spielberger, R. Díaz Guerrero y otros (1966) que es la que utilizamos en Cuba.

La validación en Cuba fue realizada en 1986 por Castellanos, Grau y Martín. Desde entonces, se utiliza en la asistencia cotidiana en casi todas las instituciones de salud del país, así como en la docencia y en la investigación.

-<u>Inventario de Depresión Rasgo-Estado (IDERE)</u>: Es un test para estudiar la presencia o no de depresión. Consiste en un inventario de autovaloración dividido en dos partes *(Grau, Martín, Ramírez, 1989)*. Diseñado para evaluar dos formas relativamente independientes de la depresión: la depresión como estado (condición emocional transitoria) y la depresión como rasgo (propensión a sufrir estados depresivos como una cualidad de la personalidad relativamente estable).

La escala que evalúa la depresión como estado permite identificar de manera rápida a las personas que tienen síntomas depresivos, así como sentimientos de tristeza reactivos a situaciones de pérdida o amenaza, que no necesariamente se estructuran como un trastorno depresivo, aunque provoquen malestar e incapacidad.

Tiene 20 items cuyas respuestas toman valores de 1 a 4. La mitad de estos items por su contenido, son positivos en los estados depresivos, mientras que la otra mitad son items antagónicos con la depresión. El sujeto debe seleccionar la alternativa que mejor describe su estado en ese momento y tiene cuatro opciones de respuesta: No en lo absoluto (que vale 1 punto), Un poco (vale 2 puntos), Bastante (vale 3 puntos) y Mucho (vale 4 puntos).

La escala de depresión como rasgo permite identificar a los pacientes que tienen propensión a sufrir estados depresivos y también ofrece información sobre la estabilidadd de los síntomas depresivos.

Consta de 22 items que también adquieren valores de 1 a 4 puntos y las opciones de respuesta son: Casi nunca (que vale 1 punto), Algunas Veces (vale 2 puntos), frecuentemente (3 puntos) y casi siempre (4 puntos).

Los valores oscilan entre 20 y 80 puntos para la escala estado y 20 y 88 puntos para la escala rasgo.

-<u>Inventario de autoestima de Coopersmith:</u>Este cuestionario fue elaborado por Coopersmith a partir de estudios realizados en el área de la autoestima. Tiene como objetivo conocer el nivel de autoestima de los individuos y está conformado por 25 proposiciones (ítems) donde el sujeto debe responder de manera afirmativa o negativa.

Se otorga un punto en aquellos ítems que están redactados en sentido positivo y a los cuales el sujeto responde afirmativamente, estos ítems son: 1, 4, 5, 8, 9, 14, 19, 20. Cuando el sujeto contesta "no", en los restantes se le da 1 en la puntuación de ese ítem. Al final son sumados estos puntajes obteniéndose una puntuación total. El uso de este inventario en los servicios de Salud Mental en Cuba está validado por el MINSAP.Este resultado se interpreta a partir de una norma de percentiles confeccionada para clasificar a los sujetos en función de tres niveles:

a)- Nivel alto de autoestima:

Los sujetos que se clasifican en este nivel alcanzan un puntaje entre 19 y 24 puntos. Los mismos obtienen puntos en la mayoría de los ítems que indagan felicidad, eficiencia, confianza en sí mismo, autonomía, estabilidad emocional, relaciones interpersonales favorables, expresa una conducta desinhibida en grupo, sin centrarse en sí mismos ni en sus propios problemas.

b)- Nivel medio de autoestima:

Los sujetos que se clasifican en este nivel los que puntúan entre 13 y 18 puntos. Los mismos presentan características de los niveles alto y bajo, sin que exista predominio de un nivel sobre otro.

c)- Nivel bajo de autoestima:

Los sujetos que se ubican en este grupo alcanzan un puntaje inferior a 12 puntos. Obtienen pocos puntos en los ítems que indican una adecuada autoestima y que fueron descritos anteriormente. En este sentido los sujetos de este nivel se perciben infelices, inseguros, centrados en sí mismos y en sus problemas particulares, temerosos de expresarse en grupos, donde su estado emocional depende de los valores y exigencias externas.

-<u>Entrevista:</u> Por considerarse la entrevista psicológica como una técnica clínica por excelencia. Esta no puede faltar en la valoración de los sujetos estudiados. Se aplica con objetivos definidos para los cuales se realizan preguntas en relación a la conducta suicida y las alteraciones asociadas, planteadas de manera previa.

En la entrevista está presente el contenido temático que no es más que los asuntos de los que se habla en relación con la conducta suicida. Se evalúa equilibrio existente entre las ideas que se abordan y los sentimientos que se manifiestan en el comportamiento del sujeto. Coherencia en relación a la orientación dada a los asuntos tratados debido a la intensidad de la respuesta elaborada por el evaluado y la concurrencia de las ideas.

<u>Observación:</u> La guía utilizada evalúa expresión facial que explique estado de ánimo, así como la postura, ritmo de trabajo, conducta ante las técnicas aplicadas de evaluación y tratamiento, los elementos propios de la expresión oral en cuanto: volumen, velocidad, tono. La apariencia física del sujeto evaluado y la actitud manifiesta ante el evaluador. La observación como recurso está implícita en todo momento del desarrollo de la investigación.

PROTOCOLO HIPNOTERAPÉUTICO PARA LA CONDUCTA SUICIDA EN LA ADOLESCENCIA

Esta página queda en blanco intencionalmente

ETAPAS DEL PROTOCOLO:

(Cuatro etapas, las dos primeras constituyen la primera sesión)

1. **Identificar la conducta suicida según:**
   - Consentimiento informado. (Anexo 1)
   - Categoría en que se expresa (ideación suicida, amenaza suicida, intento suicida).
   - Tipificar la conducta si se ha realizado el intento suicida.
   - Identificar capacidades y habilidades. (**Capacidades:** Conjunto de peculiaridades psicológicas individuales que responden a actividades socialmente estables) (**Habilidades:** Facilidad para la ejecución de

la actividad que se desarrolla con la ejercitación)

- Identificar en la etapa de desarrollo del sujeto estudiado:
  Crisis, sistema de comunicación y actividad, vivencias significativas como unidad de análisis de la situación social de desarrollo.

2. **Contrato terapéutico.**
   - Medición de la variable dependiente:
     conducta suicida y ansiedad-depresión como alteraciones asociadas.

Técnicas a utilizar en la primer y última medición: IDARE, IDERE, Entrevista, Observación.

   - Discusión de mitos en cuanto a la hipnosis.

¿La hipnosis está relacionada con la magia, el espiritismo y la posibilidad de regresar a vidas pasadas? El *estado* hipnótico no tiene absolutamente nada que ver con el ilusionismo ni con la nigromancia, sus regularidades como hecho científico no comparten ninguna característica con ellas, aunque muchas veces se haya presentado revestido de esta apariencia en espectáculos públicos con ánimo de lucro. Las creencias del sujeto determinan en un sentido cualitativo las experiencias intrahipnóticas.

<u>¿Se puede hipnotizar a una persona con un chasquido de los dedos o mirándola fijamente?</u>

Los resultados espectaculares que se producen por el uso de estos métodos no tienen nada de magia negra ni mucho menos, aunque sí de charlatanería y de falta de ética.

Se basan en el condicionamiento que ocurre durante el proceso hipnótico, en el cual se puede establecer una conexión asociativa intencional entre cualquier pista y el *estado* especial de la conciencia a que se arriba, (signo señal) luego, el condicionamiento continúa produciéndose bajo las condiciones neurofisiológicas singulares del nuevo *estado* alcanzado, el cual queda fuertemente anclado al símbolo preestablecido, ya sea una frase, un chasquido de dedos, o una forma de mirar fijamente a los ojos.

<u>¿Tienen dones sobrenaturales las personas que se dedican a la hipnosis para dominar totalmente a la persona hipnotizada?</u>

En las películas, y en las demostraciones espectaculares que explotan los medios, los protagonistas crean la ilusión de que poseen una fuerza mágica sobrenatural sobre las demás personas, de ahí el surgimiento de este mito que ha sido reforzado por las sorprendentes manifestaciones objetivas de la hipnosis a las cuales no se les da una explicación neuropsicológica.

<u>¿Existen personas más fáciles de hipnotizar que otras?</u>

Potencialmente cualquier persona puede ser hipnotizada, aún personas aparentemente poco sugestionables pueden llegar a experimentar el estado con técnicas especiales hasta alguna etapa del mismo.

<u>¿El *estado* hipnótico solamente ocurre en personas fáciles de dominar?</u>

Todas las personas normales tienen su temperamento, carácter y personalidad, por lo que pueden experimentar, en algún grado y matiz, fenómenos parecidos a los hipnóticos sin estar formalmente hipnotizadas, desde luego con la ubicación contextual y con las diferencias lógicas que implican situaciones diferentes, de modo que lo inusual sería una persona completamente incapaz de experimentar estos fenómenos.

<u>¿Puede la persona salir del *estado* hipnótico en cualquier momento que lo desee?</u>

Si el paciente decide interrumpir el proceso hipnótico puede hacerlo por voluntad propia en las etapas iniciales, pero para que pueda hacerlo en etapas más profundas, tiene que haberlo indicado el terapeuta en el contenido de sus sugestiones, debiendo este haber especificado la libertad para salir del *estado* en cualquier momento del proceso.

Este último tipo de sugestión permisiva tiene una importancia ética de trascendencia, de modo que es preciso tener en cuenta, una vez más, que la naturaleza del proceso hipnótico siempre está contextualmente determinada, y que el contenido de las sugestiones y el grado de profundidad determinan muchas cosas.

<u>¿Una vez experimentado el *estado* hipnótico, la persona no puede evitar ser hipnotizada en lo sucesivo?</u>

La causa principal del surgimiento de la creencia que asegura que se pierde la voluntad para negarse a experimentar de nuevo la hipnosis, una vez que se ha pasado por el proceso anteriormente, es la existencia científicamente comprobada del *signo señal*, que consiste en un tipo de sugestión que se refuerza durante procesos hipnóticos previos y que sirve eficazmente para una reinducción muy rápida que evita las etapas iniciales del proceso, de modo que el paciente pasa instantáneamente a la etapa muy profunda al sugerirse el signo señal sin atravesar por las etapas iniciales.

<u>¿Podría ser irreversible el *estado* hipnótico?</u>

El pánico de no poder salir del *estado* hipnótico posiblemente se origina del hecho conocido que frecuentemente ocurre, cuando el especialista ofrece la alternativa de ¨ despertar ¨ al paciente o de que abra sus ojos y este no los abre durante un tiempo.

La respuesta sobre la irreversibilidad del *estado* hipnótico es que es imposible que una persona permanezca hipnotizada para siempre. Las razones que lo argumentan se apoyan en la hipótesis de que la hipnosis es una modalidad de la conciencia en vigilia en la cual el cerebro funciona temporalmente de forma subconsciente; dicho *estado* se puede revertir con las sugestiones apropiadas o permitir evolucionar a la persona espontáneamente.

<u>¿El *estado* hipnótico puede propiciar que la persona hipnotizada hable lo que no quiere y haga cosas en contra de su voluntad?</u>

Evidentemente, este es un mito que además de ser de los más frecuentes, constituye la expresión del temor a la invasión a la privacidad de nuestros pensamientos y sentimientos más reservados.

 En el contexto clínico el especialista ofrece sugestiones que el paciente interpreta como útiles para resolver su problema de salud, por lo tanto las acepta como parte de la relación terapeuta-paciente, en la que operan códigos éticos que siguen los criterios de las buenas prácticas clínicas y otros de tipo morales.

En términos generales hay que admitir que las personas en *estado* hipnótico conservan la misma capacidad que en vigilia para hacer o decir cosas, pero ello sólo sería cierto si el contexto y el *estado* de conciencia que se dan en los dos estados fueran idénticos, sin embargo, las reglas que operan en el *estado* hipnótico, en un sentido neuropsicológico, son diferentes a las de la vigilia habitual.

Lo cual determina que las características de la relación comunicativa, afectiva, volitiva y cognitiva sean esencialmente distintas en el *estado* hipnótico.

En contextos experimentales puede comprobarse que durante el *estado* hipnótico existe una lógica de estado que determina que se pueda encauzar la ideación hacia un fin determinado.

- Definición de objetivos terapéuticos por sesiones.
- Duración:
  45min/1 hora.
- Frecuencia de las sesiones:
  Una vez semanal.
- Primera inducción neutra con utilización.

<u>Fenómenos hipnóticos esenciales y sus características de acuerdo a cada etapa o grado de profundidad.</u>

Etapas de la Hipnosis	Manifestaciones
Etapa muy leve o hipnoidal	Relajación muscular
	Pesadez general
	Cierre de los párpados
Etapa leve	Catalepsia de los párpados
	Catalepsia de los miembros
Etapa media	Catalepsia general
	Movimientos automá-ticos sugeridos.
	Sugerencias de sueño
	Técnicas de profun-dización
	Se administra por primera vez el signo señal
Etapa profunda	Anestesia superficial
	Alteraciones de la sensibilidad
	Sugerencias post-hipnóticas simples

	Alucinaciones auditivas, gustativas y olfativas.
	Conversar sin despertar
	Amnesia parcial
Etapa muy profunda	Abrir los ojos sin salir de estado
	Alucinaciones complicadas
	Regresiones etarias.
	Conducta con lógica de estado según las sugestiones (literalidad)
	Sugerencias poshipnóticas complicadas
	Alucinaciones poshipnóticas complicadas
	Anestesia profunda
	Amnesia profunda

3. **Sesiones hipnoterapéuticas particularizadas según sujetos, ajustándose al uso exclusivo de las técnicas protocolizadas.**

<u>Las etapas del anclaje</u>(durante todo el proceso terapéutico)

a) Se pide al sujeto que recuerde un momento en la vida en que actuamos de un modo excepcional y que nos gustara repetir en cualquier situación nueva.

b) Se solicita que reviva con todos los sentidos la experiencia pasada, hasta sentirla intensamente. Esto implica ver, escuchar, sentir, etc. en plenitud.

c) Se le solicita que busque un lugar en el cuerpo donde guardar esa experiencia, por ejemplo los nudillos de las manos o la oreja derecha.

d) Se le solicita que ponga un dedo sobre el nudillo o la oreja derecha para instalar el ancla. Con los ojos cerrados se debe percibir la experiencia en un estado de concentración durante algunos segundos.

e) Control de calidad. Probar diariamente si al colocar el dedo en el nudillo o la oreja se reproduce la experiencia, en caso contrario se debe calibrar hasta lograrlo.

f) Un ancla exitosa es el comienzo, se pueden sumar muchos más recursos para tenerlos disponibles cuando la situación lo requiera.

g) Aprender a anclarse uno mismo a los mejores momentos y a las mejores respuestas es aprender a obtener los recursos de una batería interna que se recarga con cada experiencia. Aprender a usar el cerebro es mucho mejor que dejarlo en piloto automático porque le podemos dar una dirección.

3.1 <u>Supresión sintomatológica:</u>(segunda sesión)

La ansiedad se suprime con el estado de relajación progresiva condicionado por las sugestiones del estado muy leve o hipnoidal, lo garantiza la técnica del escaneo corporal cuyo método es el de ir sugiriendo relajación progresiva desde los pies a la cabeza por grupos musculares.

En un segundo momento en la etapa leve se sugiere al sujeto que construya un lugar seguro o puerto seguro donde se sienta completamente protegido, relajado y tranquilo.

La depresión como estado se suprime con el uso de sugestiones de proceso en estado hipnótico leve y medio se indica mediante el uso de un lenguaje metafórico la construcción de símbolos protectores que aumentan autoestima, control y seguridad.

El estado hipnótico como submodalidad del estado de vigilia tiene la singularidad de inhibir los tiempos psicológicos pasado-futuro, por lo que garantiza una contextualización en tiempo presente, de esta manera funciona para las regresiones y progresiones etarias donde el sujeto no recuerda sino vive la experiencia intrahipnóticas.

Pone en evidencia la imposibilidad de manifestar depresión y ansiedad por los contenidos temporales desde el punto de vista psicológico inherentes a cada una de estas respuestas emocionales que engloban:

Aspectos subjetivos o cognitivos de carácter displacentero, aspectos corporales o fisiológicos caracterizados por un alto grado de activación del sistema periférico, aspectos observables o motores que suelen implicar comportamientos poco ajustados y escasamente adaptativos.

3.2<u>Modificación comportamental específica de la conducta suicida.</u>(Tercera sesión)

Uso del reforzamiento en cada una de las sesiones posteriores, utilizando recurso terapéuticos como la sumarización.

Terapia racional emotiva comportamental:

El modelo ha sido ampliado continuamente para satisfacer las necesidades de la práctica clínica. Según Lega, Caballo y Ellis (1997)

A (Acontecimientos observados)

B ("Beliefs" [creencias]: Interpretaciones y juicios de valor, acerca de A)

- rB: Creencias racionales

- iB: Creencias irracionales

C (Consecuencias de las creencias B sobre los acontecimientos A)

- Ced: Consecuencias emocionales deseadas
- Ccd: Consecuencias conductuales deseadas
- Cei: Consecuencias emocionales indeseables
- Cci: Consecuencias conductuales indeseables

D (Debate o proceso de cuestionamiento racional)

- Efcg: Estrategias cognitivas (diálogo socrático, biblioterapia y otros)
- Efe: Estrategias emotivas (ensayos por medio de la imaginación)
- Efc: Estrategias conductuales (pruebas de realidad empíricas y ensayos conductuales)

E (Efectos del proceso de cuestionamiento y la práctica)

Aplicación intrahipnótica:

A: Definición de la experiencia que según el sentido personal del sujeto en particular condiciona la conducta suicida.

B: Identificar los Saberes específicos del sujeto en particular sobre los factores de riesgo asociados a la conducta suicida, complicaciones, consecuencias, letalidad del método empleado e intencionalidad de morir con la conducta manifiesta.

C: Identificar los sistemas de creencias socialmente adquiridas por el sujeto que conlleven a la conducta suicida como método de salida a la situación definida como problémica.

D: Discusión de las Ideas irracionales con la intención de lograr homogeneización en los componentes afectivo-cognitivo-comportamentales. Se garantiza el uso de mecanismos de afrontamiento centrados en las soluciones.

E: Efectos del proceso de cuestionamiento según la construcción de escenarios donde poner manifiesta una conducta sana y describir consecuencias en la práctica. Se realiza una reconfiguración cognitiva del suceso y las alternativas para plantear soluciones.

<u>Sesiones terapéuticas mediante sugestiones intrahipnóticas complicadas.</u>

(Cuarta, quinta y sexta sesión)

Objetivo: Supresión sintomatológica asociadas a alteraciones del contenido del pensamiento: ideas sobrevaloradas, ideas suicidas y anhedonia como síntoma cualitativo de la esfera afectiva evidente en depresiones moderadas y profundas.

Técnicas:

Las técnicas utilizadas se construyen a través de la imaginería donde se desarrollan símbolos y se aplican recursos específicos: silla vacía, hipertermia, regresiones y progresiones e hipnobiodramaturgia.

Flores y espinas: Se les pide a los clientes en vigilia que describa o caracterice una flor, digamos una rosa. Se resalta la belleza de las rosas y como unida a tanta belleza se encuentras las espinas que hieren, lastiman pero que también protegen. La vida es como una rosa muy bella pero siempre tiene sus espinas.

- Se induce relajación progresiva, combinada con la respiración.

- Es importante la modulación del tono de la voz; de manera enérgica pero en tono bajo se acentúa los matices bellos de la vida como el color de su preferencia expresado en una flor. Manteniendo el tono bajo y ligeramente en ascenso se reconoce la existencia de las espinas como sinónimo de molestias, dolor, dificultades, fracasos.

- Se realizan sugestiones para significar que a pesar de las espinas, las rosas se aceptan cada vez más por la belleza de sus diferentes formas, colores, que pueden cambiar en cada época del año......como el dolor que son espinas, están presentes, pero nunca minimizan la belleza de la rosa, rosas y espinas siempre juntas inseparables, expresión de amor, defensa y protección....

- Botando mi dolor(emcional): Se realiza la inducción hipnótica por relajación progresiva, se orienta la respiración parcial (abdominal) y luego la respiración completa (abdomen – toráxica)
- Cuando el paciente se encuentra en estado hipnótico de medio a profundo se le indica que localice su dolor y mentalmente lo describa.
- Sugerencia de vivencia de la presencia de dolor que está presente en el tiempo y su espacio corporal… bien localizado… o hasta donde se irradia… lentamente… como un haz de luz se hace más tenue… cada vez más tenue…
- Se representa la imagen o recuerdo de un hermoso río, el sujeto de espalda a este… y como si lanzara hacia las aguas… que corren, alejándolo cada vez más… su dolor … en la medida que se relaja cada vez más...este se aleja más, mucho más lejos, completamente imperceptible ……

Inundación de luz: Se refiere que su cuerpo es inundado por un haz de luz verde muy tenue (el color está en dependencia de la identificación del sujeto), que es curativa que cada vez se aproxima más a la zona afectada. Es importante que el paciente se persuada de su dolor (emocional), lo reconozca y lo descarte, a través de sugestiones terapéuticas.

- Se sugiere que se represente cómo es su pena, localízala, defínela, identifícala y lentamente percibes que se aleja, que se aleja de ti, al menos es cada vez más agradable, más tolerante.
- Preparar al paciente para su salida del estado, de manera natural y se le puede agregar alguna sugestión poshipnótica para que la lleve a cabo en su hogar, al acostarse o al comenzar el día o durante el mismo cuando sienta molestias o para prevenir estas.

La técnica de la Silla Vacía:

(*empty chair* en inglés) ha sido comúnmente asociado con la práctica de la terapia Gestalt, consiste básicamente en crear mentalmente un personaje con el cual se quiere confrontar algún problema, entonces asumir su rol en su lugar y después contestar en el lugar del sujeto con el rol que le pertenece a él mismo.)

Es el elemento básico para el trabajo terapéutico en este enfoque. Consiste básicamente en poner en evidencia el diálogo interno de la persona. En dicho diálogo se enfrentan, en términos de Perls, el «perro de arriba» y el «perro de abajo»; es decir, todo aquello por lo que nos sentimos oprimidos (a raíz de los introyectos) y el rol con el que nos hemos identificado como víctimas («perro de abajo»). En la práctica dicho perro de arriba puede estar representado por el padre, la madre, el jefe, los amigos, la pareja, etc.

Durante la terapia se puede dar significados distintos al igual que los usos como con la *silla caliente*, el sujeto pasa de una silla a otra, representa cada uno de los roles y expresa sus emociones, de tal suerte que, esté donde esté, todas las ideas y sentimientos son del propio paciente. De esa forma se logra el principal objetivo de la *silla*, que es la recogida de la proyección y el cierre de la situación.

Hipertermia en el proceso terapéutico

Focalizar la atención en la voz y provocar sensación de relajación en todo el cuerpo como se hace en cualquier inducción hipnótica.

Se realiza una inducción de zona para focalizar la atención en la localización específica donde se va a trabajar. Se debe proteger en el trabajo los órganos vecinos con sugestiones que condicionen esto, se debe intensificar entonces la hiperconcentración en el órgano o parte tratada (siempre se indica al sujeto que señale o identifique una zona donde se expresan las emociones y sentimientos).

El paciente debe conocer todo lo que está sucediendo o debe suceder durante la terapia, ejemplo: en estos momentos las emociones-sentimientos negativas/os se disuelven, evaporan y tu "hígado se regenera y recupera su estado y apariencia normal".

Las sugestiones más acertadas son de una pradera-bosque-campo; se le sugiere que pasea, huele, siente, disfruta del paisaje y a la entrada del bosque se le propone que haga una pregunta que condicione una respuesta a sus situaciones particulares… el objetivo es que se abra la expresión emocional que acompaña la lesión (psicológica) motivo de consulta.

Comenzar con el trabajo terapéutico con autoestima y autocontrol con conteo descendente para profundizar estado.

Se instala in inhibidor recíproco (lugar o puerto seguro, lugar particular del sujeto, se le dice que es un lugar que le permite sentirse sumamente relajado…) se le realiza un conteo de 3, 2, 1 y se le indica que trague saliva y así lo disocia o lo distrae cognitivamente. Esto se realiza porque los síntomas con contenido emocional desbordante distorsionan la situación real del paciente.

Se realiza según se necesite una estimulación glandular mediante autoscopía (tiroides, linfocitos, células NK, macrófagos, etc.)

<u>Metáforas a utilizar</u>

Un enanito con un soplete o pistola de fuego es capaz de quemar y detener el crecimiento de las emociones-sentimientos negativos/as, malignas o en mal estado, todo en dependencia del nivel cultural del paciente.

Un volcán en erupción que es muy potente donde se deja caer la zona dañada en el centro del mismo para que la lava ardiente queme todo aquello que daña la salud del paciente.

Sugestiones de regeneración de la zona, teniendo en cuenta de que el paciente puede creer que todo el órgano fue dañado por el fuego entonces hay que regenerarlo para llevarlo al estado anatómico-funcional normal. Ejemplo zonas donde hay mucosas, se utiliza una metáfora de autoscopía donde el órgano es invadido por un ejército de hombrecitos blancos (se explica que es el sistema inmunológico).

Unos terminan de eliminar las células-emociones-sentimientos malignas que pudieron quedar, otros botan el desecho y otros reconstruyen el órgano tal y como estaba antes de enfermar….lo que condiciona un estado afectivo que ajuste las manifestaciones sanas de las conductas del sujeto.

3. <u>Modificación personológica específica de la conducta suicida.</u>

(Sesiones siete-ocho)

Objetivo: Condicionar la estabilidad comportamental del sujeto orientado a la salud en cualquier contexto donde se manifieste la conducta.

Recursos a Utilizar:

Uso de estrategias de la Psicoterapia Transpersonal de la Expresión Emotiva y la Imaginería.

Impermanencia: Todo existe en un límite de tiempo, hasta el tiempo mismo, para quienes lo percibimos en algún momento de nuestras vidas lo dejaremos de hacer. Cada etapa de la vida (niñez, adolescencia, juventud y adultez) y las características físicas inherentes a cada una de ellas también lo son, condicionan la posibilidad de que todo lo qué sucede así como comiencen terminan, sean buenas o malas según las evaluaciones personales de cada quien ante una situación específica.

Ej: La vida es como leer un libro, se hace necesario pasar de página para terminar cada capítulo, el fin del mismo no necesariamente significa que el libro ha terminado sino que cada vez es más interesante, suceden cosas que no pensamos, solo por mantenernos en una zona de confort que nos impide disfrutar la próxima página, tal vez…, un nuevo capítulo…

Desapego: Una vez comprendida la Impermanencia como concepto podemos identificar la necesidad de desapegarnos de de cada evento de nuestras vidas, esto no significa pensar que nada es importante sino que contrario a esto, sólo debe tener la importancia temporal necesaria para dar una respuesta. Previo a esto debemos conocer si la tiene.

¿El problema que identifico es mío? ¿En qué medida depende de mí? ¿Tiene solución? ¿Soy yo el responsable de darla? ¿Es realmente un problema? Desapegarse significa depositar la energía suficiente no en el objetivo o meta final sino en el proceso en sí.

<u>Ej</u>: A veces cuando comenzamos una relación de pareja una de las partes hace una pregunta común: ¿Duraremos para siempre?

Para saber cuánto duraremos en términos de relación, debemos saber que no es más importante cuanto hacemos sino lo que hacemos para que este fin se consolide, o sea, el proceso en sí. La posibilidad de usar voluntariamente los tiempos psicológicos sin que esto condicione un estado emocional patológico como la ansiedad o depresión.

El uso adecuado de los tiempos significa una permanencia en presente, con la búsqueda en pasado de recursos valiosos que condicionen éxito, desde el diseño de escenarios donde se contextualice nuestro comportamiento con una perspectiva sana.

<u>Técnicas intrahipnóticas:</u>

En cada sesión se deben reforzar los logros obtenidos en cada una de las etapas para garantizar el éxito terapéutico.

Progresiones etarias:

Se identifican posibles escenarios donde se manifieste la conducta del sujeto de forma sana.

Ser capaz de conocerse una vez logrado el estado de salud placentero esperado.

Identificar situaciones que tal vez en el pasado generaron un conflicto, o tal vez en un futuro podrían existir.

Lograr alternativas de enfrentamiento desde un estado afectivo que en equilibrio cognitivo centre la conducta del paciente en las soluciones.

De este modo se logra un sujeto que desde la comprensión de las emociones que emanan de la situación definida como problema, construya soluciones sanas contrarias a las conductas autodestructivas que generaron el motivo de consulta inicial.

4. **Cierre de la relación terapéutica:**
   - Se da de alta al paciente una vez evaluado el cumplimiento de los objetivos terapéuticos.
   - Establecer la posibilidad de volver a consulta cuando lo estime conveniente aun sabiendo como terapeuta que uno de los aspectos a tener en cuenta desde el punto de vista ético es garantizar la independencia terapéutica del sujeto-cliente-paciente.
   - Se cita para medición de las variables identificadas tres meses luego de dada el alta. (Conducta Suicida, Autoestima, Ansiedad y Depresión)

La definición de ocho sesiones terapéuticas como propuesta para el protocolo establecido no significa que se niegue un reajuste por las particularidades del sujeto. Es obligatorio el uso de cada recurso según queda determinado en la metodología del presente Protocolo Hipnoterapéutico para la Conducta Suicida en la Adolescencia.

Criterio de Especialistas:

Se utilizó para triangular la metodología diseñada en el protocolo que se propone en el estudio teniendo en cuenta la valoración de especialistas en el campo de la hipnosis en Cuba y Chile.

- DrC. Alberto Erconvaldo Cobián Mena.

Doctor en Ciencias Psicológicas. Presidente de la Sociedad Cubana de Psicología de la Salud. Presidente Fundador de la Asociación Panamericana y Caribeña de Hipnosis Terapéutica.

Concuerda con la estructura metodológica según el cumplimiento de los objetivos psicoterapéuticos propuestos. Propone agregar la explicación de la utilización de la Psicoterapia Racional Emotiva Comportamental en estado hipnótico.

- Dr. Cristobal Schilling Fuenzalida.

Especialista en Psicología Clínica. Director del Centro de Hipnosis Clínica de Chile. Secretario de la Asociación Panamericana y Caribeña de Hipnosis Terapéutica.

Propone realizar la descripción de las técnicas propuestas y el contenido de las metáforas utilizadas. Concuerda con el uso de los principios de

Impermanencia y Desapego desde la Psicoterapia Transpersonal de la Expresión Emotiva y la Imaginería.

- DrC. Pedro Manuel Rodríguez Sánchez.

Doctor en Ciencias Médicas. Especialista de segundo Grado en Fisiología Normal y Patológica. Vicepresidente de la Asociación Panamericana y Caribeña de Hipnosis Terapéutica.

Concuerda con la definición de hipnosis propuesta para fundamentar el empleo de esta técnica como herramienta psicoterapéutica en el protocolo diseñado.

Propone señalar la inducción eminentemente psicológica al estado hipnótico y la posición como científico sobre Hipnosis y su clasificación como submodalidad del estado de vigilia en la definición propuesta para la Tesis Doctoral "Fundamentos Neurofisiológicos de la Hipnosis".

RESULTADOS SIGNIFICATIVOS

La manifestación de los niveles de expresión de la ansiedad como rasgo estado en los sujetos de la muestra antes y después de aplicado el protocolo de tratamiento.

Para rasgo y estado se obtiene un nivel alto, (60% y 89,3%) antes del tratamiento. Una vez concluido y evaluado según las pautas definidas en el protocolo se observa una disminución significativa al nivel bajo, para rasgo (91%) y para el estado (97%) de la muestra estudiada.

Al evaluar los resultados según McNemar se evidencia que el protocolo logra transformaciones significativas en los sujetos pues los valores de chi cuadrado calculado para rasgo (67,7) y estado (134,8) superan los valores de chi cuadrado tabulado (5,99) para dos grados de libertad y p≤0,05.

Collings S, Jenkin G, Stanley J, McKenzie S, Hatcher S, [25]en investigaciones realizadas con la aplicación de diferentes métodos de tratamiento para la conducta suicida en la adolescencia obtienen resultados por debajo de los obtenidos en el presente estudio aun cuando las alteraciones asociadas son evaluadas mediante otros tipos de test.

Urrego Betancourt Y, [35] evidencia cifras menores al 90% de la muestra de investigación en los niveles de expresión de la ansiedad como rasgo-estado. La diferencia consistente está dada en las particularidades del estudio y la metodología utilizada para la medición del estado afectivo evaluado.

La ansiedad así como la depresión son un conjunto de respuestas que engloban: aspectos subjetivos o cognitivos de carácter displacentero, aspectos corporales o fisiológicos caracterizados por un alto grado de activación del sistema periférico, aspectos observables o motores que suelen implicar comportamientos poco ajustados y escasamente adaptativos, así lo señala Martín Pérez V. [53]

La relevancia del estudio según los resultados observables en este cuadro, a criterio del autor, está dada por lo especificidad y precisión en cuanto a la medición antes y después de la intervención, lo que no da lugar a especulaciones.

La lectura del protocolo y la estructura metodológica exigida para su aplicación, permite al terapeuta conocer la estabilidad de los cambios. La definición de objetivos psicoterapéuticos permite suprimir la sintomatología referida, modificar el comportamiento ante la situación que desencadena la conducta y la reeducación de la personalidad que permite una regulación estructurada del comportamiento de los sujetos tratados.

Esto condiciona que el protocolo propuesto, además de ser único en el contexto donde se aplica, sea efectivo según lo demuestra el procesamiento estadístico de los resultados alcanzados en la muestra de investigación. Estos criterios son coincidentes con Pérez Almoza, G. Bestard Bizet, R.S. [46]

Una vez aplicado el protocolo diseñado se puede apreciar como los niveles de depresión como rasgo-estado disminuyeron de manera significativa. Antes del tratamiento 57% de la muestra tenía un nivel alto de depresión como rasgo y como estado 92%. Una vez aplicado se evidencia 93% en el nivel bajo de depresión como rasgo y 99% en el estado. Esto demuestra la efectividad del protocolo en los sujetos de la muestra estudiada.

Al evaluar los resultados según McNemar se evidencia que el protocolo determina cambios significativos en los sujetos pues los valores de chi cuadrado calculado para rasgo (125,08) y estado (142,72) superan los valores de chi cuadrado tabulado (5,99) para dos grados de libertad y p≤0,05.

Es válido señalar que la permanencia en el nivel medio de depresión como rasgo de 7% está dada por la estabilidad de los rasgos de personalidad. Los sujetos que experimentan estados afectivos negativos como la ansiedad y depresión de manera prolongada en el tiempo, hacen aprehensión del síntoma y se incorpora como parte de la estructura de la personalidad, de esta manera se hace compleja la posibilidad total de modificación, según Darke S, Cambell G, Popple G.[22] Sandoval Ato R, Vilela Estrada MA, Galvez Olortegui J,[32] lograron modificaciones de los niveles de depresión que permiten al individuo funcionar en un modo adecuado lo que permite una adaptación a las exigencias del medio sin manifestaciones psicopatológicas. Los datos más significativos es la disminución a nivel bajo de depresión como rasgo estado en 87 y 93%. Estos datos son significativos para su muestra de investigación. Los resultados obtenidos en la investigación actual difieren de los anteriores por una diferencia de 5 y 6% para la muestra estudiada.

No se encontraron registros en la bibliografía consultada de tratamientos con muestras amplias como el presente estudio de la aplicación de la hipnosis en pacientes con conducta suicida donde la depresión sea una alteración asociada.

Sólo en el estudio de caso único publicado por Pérez Almoza G, [18] donde se obtiene como resultado antes de la aplicación de la hipnosis como recurso terapéutico niveles altos de depresión como rasgo-estado, luego del tratamiento se obtuvo una disminución del rasgo a nivel medio y como estado la depresión disminuyó a nivel bajo.

La segunda medición de los niveles de depresión se realizó seis meses después de la última sesión terapéutica   con la intención de demostrar la estabilidad de los resultados alcanzados luego de la intervención. [18]

Según el autor del presente estudio, el protocolo diseñado y aplicado además de ser novedoso por su estructura metodológica y propuesta terapéutica, es efectivo para la muestra de investigación. Los resultados alcanzados evidencian la posibilidad de estandarizar la propuesta para el tratamiento de la conducta suicida en la adolescencia.

La propuesta psicoterapéutica mediante la Hipnosis modifica la expresión de los niveles de autoestima antes y después de la intervención. 68% de la muestra de investigación evidenciaron niveles bajos de autoestima, sólo 4% de la muestra manifestó un nivel alto. Después se observa un aumento significativo de 93% al nivel alto, y sólo 4% de la muestra persistió en nivel bajo de autoestima con 3 sujetos del total estudiado.

Al determinar la estadística inferencial, se determinan valores calculados de chi cuadrado según McNemar para Autoestima de 119,86, que superan los valores tabulados para dos grados de libertad y probabilidad menor o igual a 0,05, por lo que se puede afirmar que los resultados son estadísticamente significativos.

Al ser primera vez que en Cuba se diseña y aplica un protocolo basado en Hipnosis para el tratamiento de la conducta suicida en la adolescencia no se pueden identificar registros previos para realizar comparaciones de divergencia y convergencia, esto, hasta el momento de consulta de la bibliografía internacional para el desarrollo de la investigación.

Autores como Dedić G, [24] y Martín Pérez, V, [53] han desarrollado programas, estrategias y protocolos para intervenir en la conducta suicida con el objetivo de identificar o caracterizar la misma. Existen escasos vestigios de efectividad demostrada en los diseños y aplicación de estos con resultados discretos, 67% de la muestra aumentó los niveles de autoestima en el primero, el segundo se limita a la descripción del protocolo sin evidencias de su aplicación en muestras definidas que afirmen algún tipo de efectividad.

Es preciso señalar que para la evaluación de la autoestima se tuvo en cuenta el diseño y aplicación de encuestas que no fueron validadas o contrastadas con el criterio de especialistas en el campo de la Salud Mental, la Conducta Suicida y el estudio de la Autoestima.[24]

Los resultados alcanzados coinciden con Sandoval-Ato R, Vilela-Estrada MA, Galvez-Olortegui J, [31] que estudian una muestra inferior y una propuesta de intervención diferente con el objetivo de modificar conocimientos sobre la conducta suicida y sus factores de riesgo. El principal resultado con el cual concuerda el presente estudio, es el aumento de los conocimientos acerca una autoestima alta como factor protector, 95% de la muestra evidenció un conocimiento adecuado en este tema.

El estudio de Pineda MS, Matos Premiot JY, Heredia Barroso D, [29] dirigido a la modificación de conocimiento o identificación de consecuencias de conductas autodestructivas como es el caso de la conducta suicida, se limita a la instrucción de los sujetos que participan en estos; no así para la modificación de comportamientos como génesis de salud, o la reestructuración personológica que evidencie un adecuado nivel de regulación que oriente la conducta al bienestar y la adaptación de las exigencias del medio, según el criterio del autor.

Con los resultados obtenidos se puede concluir que una vez diseñado y aplicado el Protocolo propuesto, en los sujetos de la muestra estudiada existe supremacía del género femenino. El grupo etario predominante es el de 15-19 años y la raza es la blanca; se manifiesta como el evento vital desencadenante es el conflicto familiar con el método de ingestión de tabletas. Para este estudio la religiosidad y los antecedentes personales de intentos suicidas anteriores no son elementos a tener en cuenta como factores de riesgo o protectores. El protocolo es efectivo para el tratamiento de la conducta suicida como motivo de consulta, aumenta los niveles de autoestima y disminuye la ansiedad y depresión como alteraciones asociadas a la conducta suicida.

Principales Estadísticas

Ansiedad	Niveles	Antes		Después	
		No.	%	No.	%
Rasgo	Alto	45	60	-	-
	Medio	27	36	7	9
	Bajo	3	4	68	91
Estado	Alto	67	89,3	-	-
	Medio	7	9,3	2	3
	Bajo	1	1,3	73	97

Depresión	Niveles	Antes		Después	
		No.	%	No.	%
Rasgo	Alto	43	57	-	-
	Medio	30	40	5	7
	Bajo	2	3	70	93

Estado				
	Alto	69	92	-	-
	Medio	5	7	1	1
	Bajo	1	1	74	99

Autoest ima	Antes		Después	
	No.	%	No.	%
Nivel alto	3	4	70	93
Nivel medio	21	28	2	3
Nivel bajo	51	68	3	4
Total	**75**	**100**	**75**	**100**

REFERENCIAS BIBLIOGRÁFICAS

1. Organización Mundial de la Salud. Informe mundial sobre la violencia y la salud. Sinopsis, Ginebra, 2012.p.3. [Citado 2018 mayo 13] Disponible en: http://whqlibdoc.who.int/publications/2012/9275324220_spa.pdf

2. Raheb C. Conducta suicida en niños y adolescentes. p.1-2 Publicado: 2012 [Citado 2018 jun 9] Disponible en: http://www.familianova-schola.com/files/Conducta_suicida.pdf

3. Programa Director de Promoción y Educación para la Salud en el Sistema Nacional de Educación. Ministerio de Educación. La Habana, 2011

4. Paz Robledo H. El suicidio en adolescentes: lo que el equipo debe saber. Revista Peruana de Pediatría Scielo. v.60 n.1 Lima ene. /abr. 2011. [Citado: 27

jun 17] Disponible en: http:// sisbib.unmsm.edu.pe/BVRevistas/rpp/v60n1/ pdf/a11v60n1.pdf

5. Centro provincial de higiene y epidemiología. Anuario estadístico, Holguín, 2017.

6. Ochoa Roca R M, Infante Pérez E M, Ochoa Roca T. Caracterización de la conducta suicida en el Policlínico "René Ávila Reyes". Holguín 2007-2010. [Citado: 25 may 17]

7. Pérez Barrero SA. El suicidio. Comportamiento y prevención. Editorial Oriente.2011.

8. Cortes Alfaro A. Conducta suicida adolescencia y riesgo. Rev Cubana Med Gen Integr [online]. 2014, vol.30, n.1 [Citado 2018 jun 26], pp. 132-139. Disponible en: http:// scieloprueba.sld.cu/scielo.

9. Programa Nacional de Atención integral de salud para adolescentes. MINSAP, Cuba, 2013.

10. APA Division 30, Society of Psychological Hypnosis. Definition and Description of Hypnosis. 2014. Recuperado de: http:// www.apadivisions.org/division-30/about/index.asp

11. Polo, M. y Chávez, B. Psicoterapia Transpersonal de la Expresión Emotiva y la Imaginería. México: Thanatos, 2014.

12. Cobián Mena A. Hipnosis y sus aplicaciones terapéuticas. Editores: Barcelona: Morales Torres, SL. Colección: Guías prácticas de autoayuda, 2004.

13. Cobián Mena A. Yo sí creo en la hipnosis. Editorial Universitaria, Santiago de Cuba, Cuba, 184 p. 1ra. Edición, 1997.

14. Rodríguez, P.M, Rodrígucz M. Modelo de hipnosis muy profunda colectiva y simultánea para el estudio de funciones cognitivas. MEDISAN, 2011. 15(6):726-735.

15. Rodríguez RM. Argumentación de la teoría científica: modo de funcionamiento subconsciente del cerebro en estado hipnótico. MEDISAN, 2011. 15(7): 975-991.

16. Rodríguez, P.M. Hipnosis: Fundamentos fisiológicos e investigativos, 2012. Disponible en: http://tesis.repo.sld.cu/571

17. Pérez Almoza, G. La Hipnosis Terapéutica y la Medicina Natural y Tradicional (Digitopuntura) en un Caso de Duelo. Rev. Panamericana y Caribeña de Hipnosis Terapéutica. ISSN 2168-5622 - Versión Impresa. Vol. 5 No. 2, 2015.

18. Pérez Almoza, G. La hipnosis terapéutica en el tratamiento del intento suicida. Rev. Panamericana y Caribeña de Hipnosis Terapéutica. ISSN 2168-5622 - Versión Impresa. Vol. 6 No. 2, 2016.

19. Castellano L. T. y col. Intento suicida en el niño y el adolescente. Hospital psiquiátrico de la Habana 2012.

20. Pérez Sergio. Manejo de la crisis suicida del adolescente. Avances de salud mental relacional. Órgano Oficial de expresión de la Fundación OMIE Revista Internacional. Versión impresa. Vol.1, núm. 4 – Marzo, 2010.

21. American Psychiatric Association. DSM-5. Manual diagnóstico y estadístico de los trastornos mentales. Editorial Médica Panamericana, 2014. ISBN 9788498358100.

22. Darke S, Cambell G, Popple G. Self-harm and attempted suicide among therapeutic community admissions. Drug & Alcohol Review [serial on the Internet]. 2012 June [cited April 3, 2018]; 31(4): 523-528. Available from: Academic Search Premier. http://search.ebscohost.com/login.aspx?direct=true&db=aph&AN=76330258&lang=es&site=ehost-live

23. Willour V, Seifuddin F, Mahon P, Jancic D, Pirooznia M, Purcell S, et al. A genome-wide association study of attempted suicide. Molecular Psychiatry [serial on the Internet]. 2012, Apr [cited April 3, 2018]; 17(4): 433-444. Available from: Academic Search Premier. http://search.ebscohost.com/login.aspx?

direct=true&db=aph&AN=73793803&lang=es&site=ehost-live

24. Dedić G. Model of psychotherapeutic crisis intervention following suicide attempt. Vojnosanitetski Pregled: Military Medical & Pharmaceutical Journal Of Serbia [serial on the Internet]. 2012, Jul [cited April 3, 2018]; 69(7): 610-615. Available from: Academic Search Premier. http://search.ebscohost.com/login.aspx?direct=true&db=aph&AN=78122381&lang=es&site=ehost-live

25. Collings S, Jenkin G, Stanley J, McKenzie S, Hatcher S. Preventing suicidal behaviours with a multilevel intervention: a cluster randomised controlled trial. BMC Public Health [serial on the Internet]. 2018, Jan 16 [cited April 3, 2018]; 181-13. Available from: Academic Search Premier. http://search.ebscohost.com/login.aspx?direct=true&db=aph&AN=127382301&lang=es&site=ehost-live

26. Cárdenas B Juan Pablo, Santelices H Diego, Fredes B Arturo, Florenzano U Ramón. Protocolo de manejo del intento suicida en el Hospital del Salvador en Santiago de Chile. Rev. chil. neuro-psiquiatr. [Internet]. 2012 Dic [citado 2019 Abr 15]; 50(4): 249-254. Disponible en: https://scielo.conicyt.cl/scielo.php?

script=sci_arttext&pid=S0717-9227201200040000
7&lng=es. http://dx.doi.org/10.4067/
S0717-92272012000400007

27. Sáiz PA, et al. Protocolo de estudio de un programa para la prevención de la recurrencia del comportamiento suicida basado en el manejo de casos (PSyMAC). Rev Psiquiatr Salud Ment (Barc.) [Internet] 2014. [citado 2019 Abr 15] Disponible en: http://dx.doi.org/10.1016/j.rpsm.2014.01.001

28. Villar-Cabeza F, Esnaola-Letemendia E, Blasco-Blasco T, Prieto-Toribio T, Vergé-Muñoz M, Vila-Grifoll M, et al. Análisis dimensional de la personalidad del adolescente con conducta suicida. Actas Espanolas de Psiquiatria [Internet]. 2018 May [cited 2019 Apr 17]; 46(3):104–11. Available from: http://search.ebscohost.com/login.aspx?direct=true&db=lth&AN=130206493&lang=es&site=ehost-live

29. Pineda MS, Matos Premiot JY, Heredia Barroso D. Intervención educativa sobre conducta suicida. Revista Información Científica [Internet]. 2017 May [cited 2019 Apr 17]; 96(3):405–14. Available from: http://search.ebscohost.com/login.aspx?direct=true&db=lth&AN=126352461&lang=es&site=ehost-live

30. Leyanis Gracial Hechavarría, Jorge Yvel Matos Premiot, Kenia Benítez Coroneaux, Noelvis López

Sorzano. Accionar de enfermería en el manejo de pacientes con conducta suicida. Revista Información Científica [Internet]. 2017 Jul [cited 2019 Apr 17]; 96(4):596–604. Available from: http://search.ebscohost.com/login.aspx?direct=true&db=lth&AN=126352514&lang=es&site=ehost-live

31. Sandoval-Ato R, Vilela-Estrada MA, Galvez-Olortegui J. Estrategias de prevención y soporte en adolescentes con depresión y conducta suicida: una necesidad urgente. Revista Cubana de Medicina General Integral [Internet]. 2017 Oct [cited 2019 Apr 17]; 33(4):1–5. Available from: http://search.ebscohost.com/login.aspx?direct=true&db=lth&AN=129285153&lang=es&site=ehost-live

32. Vega Chacón R. Procesos de periodización de la prevención escolar de la conducta suicida en la adolescencia a través de la actividad intersectorial en Cuba. Un reto desde la psicología educativa. Revista Intercontinental de Psicología y Educación [Internet]. 2017 Jan [cited 2019 Apr 17]; 19(1/2):259–78. Available from: http://search.ebscohost.com/login.aspx?direct=true&db=a9h&AN=135481586&lang=es&site=ehost-live

33. Abufhele M. M, Correa del R. A. Manejo de autoagresiones y conducta suicida en adolescentes. Contacto Científico Clínica Alemana [Internet]. 2016 Dec [cited 2019 Apr 17]; 6(6):189–94. Available from: http://search.ebscohost.com/login.aspx?direct=true&db=lth&AN=120995130&lang=es&site=ehost-live

34. Hernández, Idalberto Aguilar, Perera Milian LS. Caracterización de la situación de los individuos con intento suicida. Revista de Ciencias Médicas de La Habana [Internet]. 2016 Jun [cited 2019 Apr 17]; 23(1):1. Available from: http://search.ebscohost.com/login.aspx?direct=true&db=lth&AN=118913309&lang=es&site=ehost-live

35. Urrego-Betancourt Y. Programa de 'autorregulación' emocional para la prevención del suicidio en niños y adolescentes. Biomédica: Revista del Instituto Nacional de Salud [Internet]. 2017 Nov 2 [cited 2019 Apr 17];37:112–3. Available from: http://search.ebscohost.com/login.aspx?direct=true&db=lth&AN=126385445&lang=es&site=ehost-live

36. Diccionario de la Real Academia Española. 2018. https://dle.rae.es/?id=YfnPoSq

37. Rosario Flores-Soto M, Edith Cancino-Marentes M, del Rocío Figueroa Varela M. Revisión sistemática sobre conductas autolesivas sin intención suicida en adolescentes. Revista Cubana de Salud Pública [Internet]. 2018 Oct [cited 2019 Apr 17];44(4):200–16. Available from: http://search.ebscohost.com/login.aspx?direct=true&db=lth&AN=133004972&lang=es&site=ehost-live

38. Fernández GS, Cazal MC, Gómez LG, Speck CMJ, Jarrosay LF. Intento suicida en la provincia de Guantánamo. Revista Información Científica [Internet]. 2018 May [cited 2019 Apr 17];97(3):557–65. Available from: http://search.ebscohost.com/login.aspx?direct=true&db=lth&AN=131428391&lang=es&site=ehost-live

39. Teismann T, Forkmann T, Brailovskaia J, Siegmann P, Glaesmer H, Margraf J. Positive mental health moderates the association between depression and suicide ideation: A longitudinal study. International Journal of Clinical Health & Psychology [Internet]. 2018 Jan [cited 2019 Apr 17];18(1):1–7. Available from: http://search.ebscohost.com/login.aspx?direct=true&db=a9h&AN=128066230&lang=es&site=ehost-live

40. Sánchez Loyo LM, García de Alba García JE, Quintanilla Montoya R. Características sociales y clínicas de personas con intento de suicidio en Guadalajara, México. Revista Psicología y Salud [Internet]. 2016 Jan [cited 2019 Apr 17];26(1):81–90. Available from: http://search.ebscohost.com/login.aspx?direct=true&db=a9h&AN=118545126&lang=es&site=ehost-live

41. Silveira JMZ, Terra PC, Pego SM, Ferreira TVDM, Rezende MC, Heringer-Walther SB. O Impacto Do Atendimento Multidisciplinar Por Profissionais De Saúde Em Adolescente Com Comportamento Suicida. Brazilian Journal of Surgery & Clinical Research [Internet]. 2018 Jun 30 [cited 2019 Apr 17];23(4):115. Available from: http://search.ebscohost.com/login.aspx?direct=true&db=lth&AN=133204706&lang=es&site=ehost-live

42. Hegerl U. Prevention of suicidal behavior. Dialogues In Clinical Neuroscience [Internet]. 2016 Jun [cited 2019 Apr 17];18(2):183–90. Available from: http://search.ebscohost.com/login.aspx?direct=true&db=mdc&AN=27489458&lang=es&site=ehost-live

43. Sandoval-Ato R, Vilela-Estrada MA, Mejia CR, Caballero Alvarado J. Riesgo suicida asociado a bullying y depresión en escolares de secundaria. Revista Chilena de Pediatría [Internet]. 2018 Apr [cited 2019 Apr 17];89(2):208–15. Available from: http://search.ebscohost.com/login.aspx?direct=truc&db=lth&AN=129475347&lang=es&site=ehost-live

44. Fisch S, Brinkhaus B, Teut M. Hypnosis in patients with perceived stress - a systematic review. BMC Complementary And Alternative Medicine [Internet]. 2017 Jun 19 [cited 2019 Apr 17];17(1):323. Available from: http://search.ebscohost.com/login.aspx?direct=true&db=mdc&AN=28629342&lang=es&site=ehost-live

45. Dell PF. What is the Essence of Hypnosis? The International Journal Of Clinical And Experimental Hypnosis [Internet]. 2017 Apr [cited 2019 Apr 17];65(2):162–8. Available from: http://search.ebscohost.com/login.aspx?direct=true&db=mdc&AN=28230461&lang=es&site=ehost-live

46. Pérez Almoza, G. Bestard Bizet, R.S. Metamodelo meditativo en el tratamiento de la ansiedad en trastornos neuróticos. REEA, Vol. 1, No. 1.

2017 Pp. 283-294 Disponible en: http:// www.eumed.net/rev/reea

47. Montgomery, GH, Schnur, JB. Eficacia y aplicación de la hipnosis clínica. Papeles del Psicólogo [Internet]. 2005; 25(89):3-8. Recuperado de: https://www.redalyc.org/articulo.oa?id=77808902

48. Ordi, H. G. Hipnosis clínica: aplicaciones de las técnicas de sugestión en psicología clínica y de la salud. *Psicología conductual*= behavioral psychology: Revista internacional de psicología clínica y de la salud, 2006. (3), 467-490.

49. Barrios Osuna Irene, Anido Escobar Vivianne, Morera Pérez Maricela. Declaración de Helsinki: cambios y exégesis. Rev Cubana Salud Pública [Internet]. 2016 Mar [citado 2019 Mayo 08]; 42(1). Disponible en: http://scielo.sld.cu/scielo.php?script=sci_arttext&pid=S0864-4662016000100014&lng=es

50. González-Ordi, H. Sobre la validez y eficacia de la hipnosis clínica. Valoración crítica del documento observatorio OMC contra las pseudociencias, pseudoterapias, intrusismo y sectas sanitarias en relación con la hipnoterapia. *Clínica y Salud*, 2018. *29*(1), 45-47.

51. Ellis, Albert; Abrahms, Eliot. *Terapia Racional Emotiva*. México: Editorial Pax. 2005, ISBN 978-968-860-776-3.

52. Lega, Leonor; Caballo, Vicente; Ellis, Albert. *Teoría y Práctica de la Terapia Racional Emotiva Conductual.* Madrid: Siglo XXI, 1997. ISBN 9788432309588

53. Martín Pérez, V. Conducta suicida. Protocolo de intervención. International Journal of Developmental and Educational Psychology [en linea] 2016, 2 [Fecha dc consulta: 8 de mayo de 2019] Disponible en: http://www.redalyc.org/articulo.oa?id=349851777025>

54. Piloto Morejón, Manuel. Estadística Piloto: paquete estadístico digital educacional para las investigaciones epidemiológicas. Revista de Ciencias Médicas de Pinar del Río. 2010. 14. 27-37. Disponible en: http://scielo.sld.cu/pdf/rpr/v14n4/rpr04410.pdf

55. Serrano-Ruiz CP, Olave-Chaves JA. Factores de riesgo asociados con la aparición de conductas suicidas en adolescentes. MedUNAB [Internet]. 2017 Aug [cited 2019 Jul 2];20(2):139–47. Available from: http://search.ebscohost.com/login.aspx?direct=true&db=lth&AN=131310355&lang=es&site=ehost-live

56. del Rosario Flores-Soto M, Edith Cancino-Marentes M, del Rocío Figueroa Varela M. Revisión sistemática sobre conductas autolesivas sin intención suicida en adolescentes. Revista

Cubana de Salud Pública [Internet]. 2018 Oct [cited 2019 Jul 2];44(4):200–16. Available from: http://search.ebscohost.com/login.aspx?direct=true&db=a9h&AN=133004972&lang=es&site=ehost-live

57. Sandoval-Ato R, Vilela-Estrada MA, Galvez-Olortegui J. Estrategias de prevención y soporte en adolescentes con depresión y conducta suicida: una necesidad urgente. Revista Cubana de Medicina General Integral [Internet]. 2017 Oct [cited 2019 Jul 2];33(4):1–5. Available from: http://search.ebscohost.com/login.aspx?direct=true&db=lth&AN=129285153&lang=es&site=ehost-live

58. González-Ordi H. Sobre la Validez y Eficacia de la Hipnosis Clínica. Valoración Crítica del Documento Observatorio OMC contra las Pseudociencias, Pseudoterapias, Intrusismo y Sectas Sanitarias en relación con la Hipnoterapia. Clinica y Salud [Internet]. 2018 Mar [cited 2019 Jul 2];29(1):45–7. Available from: http://search.ebscohost.com/login.aspx?direct=true&db=a9h&AN=128443858&lang=es&site=ehost-live

59. Martínez-Lorca M, Aguado-Romo R, Martínez-Lorca A. Respaldo y Apoyo a la Hipnosis Clínica como Herramienta Terapéutica. Respuesta a la

Carta de Héctor González-Ordi (2018). Clinica y Salud [Internet]. 2019 Mar [cited 2019 Jul 2];30(1):53. Available from: http://search.ebscohost.com/login.aspx?direct=true&db=a9h&AN=134891379&lang=es&site=ehost-live

60. Sánchez T, Téllez A. Hipnoterapia y terapia breve centrada en soluciones aplicada a síntomas por abuso sexual infantil: Un estudio de caso. Revista de Psicopatologia y Psicologia Clinica [Internet]. 2016 Apr [cited 2019 Jul 2];21(1):67–76. Available from: http://search.ebscohost.com/login.aspx?direct=true&db=a9h&AN=115273710&lang=es&site=ehost-live

61. Almeida-Marques FXD, Sánchez-Blanco J, Cano-García FJ. Hypnosis is More Effective than Clinical Interviews. The International Journal Of Clinical And Experimental Hypnosis [Internet]. 2018 Jan [cited 2019 Jul 2];66(1):3–18. Available from: http://search.ebscohost.com/login.aspx?direct=true&db=mdc&AN=29319461&lang=es&site=ehost-live

62. Santarcangelo EL, Scattina E. Complementing the Latest APA Definition of Hypnosis: Sensory-Motor and Vascular Peculiarities Involved in Hypnotizability. The International Journal Of Clinical And Experimental Hypnosis [Internet].

2016 Jul [cited 2019 Jul 2];64(3):318–30. Available from: http://search.ebscohost.com/login.aspx?direct=true&db=mdc&AN=27267676&lang=es&site=ehost-live

63. Pérez S. Psicoterapia para aprender a vivir. Editorial Oriente. 2001. https://books/about/Psicoterapia_para_aprender_a_vivir.html?id=yOqpnQAACAAJ&redir_esc=y

BIBLIOGRAFÍA CONSULTADA

Cruz Rodríguez E, Moreira Ríos I, Orraca Castillo O, Pérez Morino N, Hernández Gonzales P. Factores de riesgo intento suicida en adolescentes. Rev. Cienc Med diciembre 2011; 15 (4).

García Santiesteban JL, Piñeda Ramírez A, Almaguer Brito L. Intento suicida y adolescencia: Una mirada teórica al fenómeno. Rev. Electrón 2011; 36(1). Disponible en: <http://www.ltu.sld.cu/revista/modules.php?name=News&file=article&sid=186/es> [consultado: 11 enero 2015].

Soler Santana R, Castillo Núñez B, Brossard Cisneros M. Calidad en la ejecución del Programa de Prevención y Control de la Conducta Suicida. MEDISAN 2010; 14(5). Consultado: 11 enero 2015.

Disponible en: http://bvs.sld.cu/revistas/san/vol_14_5_10/san10510.htm

Martínez Sedeño, Ávila Aveleira. Comportamiento del Intento Suicida en el municipio Manatí durante el año 2007 y 2008. VOL. 35 NO. 1 AÑO. 14 Enero-Marzo 2010. [consultado17/1/2015] Disponible en: http://www.ltu.sld.cu/revista/modules.php?name=News&file=article&sid=55

El intento suicida como causa de intoxicación en pediatría. Revista Cubana de Medicina Intensiva y Emergencias 2007;6(4).Consultado: 25-2-2015. Disponible en: http://bvs.sld.cu/revistas/mie/vol6_4_07/mie08407.htm

Comportamiento del intento suicida en el municipio de nueva paz. Revista de Ciencias Médicas La Habana 2008; 14 (3),[Consultado: 25-2-2015] Disponible en: http://www.cpicmha.sld.cu/hab/vol14_3_08/hab02308.html

Bibliomed sobre depresión e intento suicida. Rev. Cubana Med Gen Integr 2007; 23(1). Consultado: 22 enero 2018. Disponible en: <http://scielo.sld.cu/scielo.php?script=sci_arttext&pid=S0864125200700010021&lng=es&nrm=iso>

Elba Vázquez P, Ignacio Fonseca C, Juan Ramón Padilla V. Diagnóstico de depresión en adolescentes con intento de suicidio y sanos. Bol Clin Hosp Infant Edo Son 2008. 22(2) 107-118.

Mislay Rodríguez G, Deisy Boris S, Omar Rodríguez O. Algunos aspectos epidemiológicos de la depresión en la ancianidad. MEDISAN 2011; 13(5).

Oliva Martínez M. Comportamiento de la conducta suicida municipio San José de Las Lajas. Revista Ciencias Médicas La Habana 2009; 13(2).

Trenzado Rodríguez N, Canosa Besu LB, González Pérez H. Epidemiología del suicidio en Cárdenas. Rev. medica electron 20010; 30(4). [Consultado: 1 marzo 2015]. Disponible en: http://www.revmatanzas.sld.cu/revista%20medica/ano%202008/vol4%202008/tema01.htm

www.ingramcontent.com/pod-product-compliance
Lightning Source LLC
Chambersburg PA
CBHW031121250726
48655CB00004B/1795